EDITORA intersaberes

O selo DIALÓGICA da Editora InterSaberes faz referência às publicações que privilegiam uma linguagem na qual o autor dialoga com o leitor por meio de recursos textuais e visuais, o que torna o conteúdo muito mais dinâmico. São livros que criam um ambiente de interação com o leitor – seu universo cultural, social e de elaboração de conhecimentos –, possibilitando um real processo de interlocução para que a comunicação se efetive.

EDITORA intersaberes

Rua Clara Vendramin, 58 • Mossunguê
CEP 81200-170 • Curitiba • PR • Brasil
Fone: (41) 2106-4170
www.intersaberes.com
editora@editoraintersaberes.com.br

conselho editorial •	Dr. Ivo José Both (presidente)
	Drª Elena Godoy
	Dr. Neri dos Santos
	Dr. Ulf Gregor Baranow
editora-chefe •	Lindsay Azambuja
gerente editorial •	Ariadne Nunes Wenger
assistente editorial •	Daniela Viroli Pereira Pinto
preparação de originais •	Entrelinhas Editorial
edição de texto •	Larissa Carolina de Andrade
	Palavra do Editor
capa •	Débora Gipiela (design), echo3005, Shusha Guna e ch123/Shutterstock (imagens)
projeto gráfico •	Raphael Bernadelli
fotografias de abertura •	Wachiwit/Shutterstock
diagramação •	Andreia Rasmussen
equipe de design •	Débora Gipiela
iconografia •	Sandra Lopis da Silveira e Regina Claudia Cruz Prestes

Dado internacionais de Catalogação na Publicação (CIP)
(Câmara Brasileira do Livro, SP, Brasil)

♦ ♦ ♦

Agibert, Claudionor
 Projetos e fontes de financiamento: mobilidade urbana/Claudionor Agibert, Rafael Carbonera Lobo. Curitiba: InterSaberes, 2020.

 Bibliografia.
 ISBN 978-65-5517-779-4

 1. Administração pública 2. Financiamento. 3. Mobilidade urbana 4. Transportes 5. Transportes – Administração 6. Transporte urbano – Planejamento I. Lobo, Rafael Carbonera. II. Título

20-42518   CDD-354.769

♦ ♦ ♦

Índices para catálogo sistemático:
1. Transporte público: Administração pública 354.769
 Maria Alice Ferreira – Bibliotecária – CRB-8/7964

1ª edição, 2020.

Foi feito o depósito legal.

Informamos que é de inteira responsabilidade dos autores a emissão de conceitos.

Nenhuma parte desta publicação poderá ser reproduzida por qualquer meio ou forma sem a prévia autorização da Editora InterSaberes.

A violação dos direitos autorais é crime estabelecido na Lei n. 9.610/1998 e punido pelo art. 184 do Código Penal.

Projetos e fontes de financiamento: mobilidade urbana
Claudionor Agibert • Rafael Carbonera Lobo

Sumário

Prefácio, xvi

Apresentação, xx

Como aproveitar ao máximo este livro, xxiv

capítulo um Estrutura governamental e mobilidade urbana: o estudo de uma relação, 30

1.1 Estrutura governamental voltada à mobilidade urbana, 32

1.2 Fontes de financiamento de projetos de mobilidade urbana, 46

capítulo dois Recursos para projetos de mobilidade urbana, 58

2.1 Trâmites para obtenção de recursos, 60

2.2 Projetos de mobilidade urbana, 74

capítulo três Modais de mobilidade urbana, 86

3.1 Noções gerais sobre modais de mobilidade urbana, 88

3.2 Pedestres, bicicletas e patinetes, 91

3.3 Veículos automotores, 95

3.4 Transportes públicos, 98

capítulo quatro		Projetos de mobilidade para pedestres e ciclistas, 108
	4.1	Pedestres, 110
	4.2	Ciclistas, 123
capítulo cinco		Projetos de mobilidade urbana para modais ativos e veículos, 140
	5.1	Diferentes modais ativos, 142
	5.2	Veículos diversos, 146
capítulo seis		Projetos de mobilidade urbana e a estrutura das cidades, 156
	6.1	Estrutura das cidades: demanda e consumo de área urbana, 158
	6.2	Estrutura das cidades: exemplos de projetos de mobilidade urbana, 165

Considerações finais, 172

Referências, 175

Respostas, 181

Sobre os autores, 185

Dedicatória

Dedico este trabalho à minha mulher, Suzana, e aos meus dois filhos, João Pedro e Bernardo, pelo esforço, sacrifício e compreensão quando das minhas ausências.

Claudionor Agibert

Dedico este trabalho à minha esposa, Gleci, aos meus filhos, Leonardo e Bruno, aos meus pais e a todos que direta ou indiretamente fazem parte da minha vida.

Rafael Carbonera Lobo

Agradecimentos

Agradeço ao Grande Arquiteto do Universo, por me dar saúde e disposição; à minha família, pelo apoio prestado em todos os momentos; e a todos aqueles que contribuíram para a realização desta obra.

Claudionor Agibert

Agradeço à minha família e aos meus amigos e colegas, por sempre estarem ao meu lado me apoiando na busca pelo desenvolvimento pessoal e profissional; ao meu amigo Claudionor Agibert, pelo convite para participar desta obra; e a todos os mestres que generosamente compartilham seus conhecimentos, em busca da construção de uma sociedade melhor.

Rafael Carbonera Lobo

"Um símbolo da falta de democracia é uma cidade ter carros estacionados nas calçadas."

(Enrique Penálosa, 2013)

Prefácio

Tema que merece um olhar diferenciado e prioritário do gestor público das instâncias municipal, estadual e federal, a mobilidade urbana ganha uma camada ainda mais atual e urgente em face da pandemia provocada pelo novo coronavírus, neste ano de 2020. Neste momento, cabe repensar as estratégias a fim de deixar uma contribuição válida e duradoura para as sociedades urbanas, tão dependentes de veículos automotores e cada vez mais estressadas por longos congestionamentos e tempo consumido no trânsito.

A formação de grupos técnicos de estudo e análise, voltados ao cruzamento de informações sobre experiências diversas, é o caminho para se testarem novas alternativas. O projeto-piloto colocado em prática pela Prefeitura de Curitiba, desde o fim de maio, incentiva a mobilidade ativa por meio da intervenção no espaço urbano, com calçadas estendidas e ciclofaixas temporárias aos sábados, no entorno do Mercado Municipal – ponto turístico e de atração, muito procurado pela comunidade local, principalmente em dias de maior movimento.

A capital paranaense também expande as chamadas *vias compartilhadas* em ruas e avenidas estruturais que promovem a ligação entre o centro e o bairro e nas quais estão contidas as canaletas exclusivas para o transporte coletivo, em uma configuração própria e particular de Curitiba. A recente implantação de via compartilhada na Rua Padre Anchieta inclui mais oito quilômetros voltados à ciclomobilidade, conforme o Plano de Estrutura Cicloviária da cidade. Nos últimos três anos e meio, foram implantados outros 12,3 quilômetros de novas estruturas cicloviárias.

Pioneira no Brasil, outra iniciativa, lançada em 2019 pela Escola Pública de Trânsito de Curitiba, é voltada à inclusão. O Programa Trânsito para Todos nasceu de debates com instituições representativas de pessoas com deficiência e da capacitação de agentes de trânsito.

Esses são apenas alguns exemplos de ações que, quando se fala em mobilidade urbana, integram todos os atores que fazem parte do trânsito. Assim como na segurança pública, a integração é o conceito-chave para uma mudança de realidade e uma convivência qualitativa e tranquila entre motoristas, motociclistas, ciclistas e pedestres.

Mas como colocar em prática boas ideias na área da mobilidade urbana? O início de um trabalho desse tipo tem de partir de uma bibliografia selecionada e de um recolhimento de informações atualizadas. Nesse sentido, os autores desta obra, ao proporem uma discussão sólida sobre esse tema, explicam, de forma didática e prática, o passo a passo para buscar oportunidades de se formatar um projeto de mobilidade urbana, bem como os requisitos necessários para a captação de investimentos.

Ao apresentar aos leitores os diferentes modais e formas de transporte, com base em experiências de cidades brasileiras e do exterior, a obra traz, ainda, dicas de textos e materiais de apoio a serem consultados, com o intuito de ampliar o repertório dos interessados na temática.

A urgência de um pensamento crítico e da elaboração de propostas para a mobilidade urbana é contemplada neste livro, de autoria de dois renomados profissionais em suas respectivas áreas. Tenho a honra de trabalhar ao lado de Agibert, que se destacou como oficial na Polícia Militar e que vem desempenhando uma excelente gestão à frente da Escola Pública de Trânsito de Curitiba.

O incentivo aos cidadãos para que optem por diferentes formas de locomoção e transporte pode e deve partir da iniciativa pública, promovendo-se benefícios a curto, médio e longo prazo, com destaque para a saúde da população – argumentos a serem reforçados diante da justificativa e da apresentação de propostas inovadoras.

Guilherme Rangel de Melo Alberto
Secretário Municipal de Defesa Social e Trânsito
Delegado da Polícia Civil do Paraná

Apresentação

Esta é uma obra destinada à área de engenharia de trânsito, mobilidade e transportes públicos, especialmente no que se refere às fontes de financiamento e projetos de mobilidade urbana. A metodologia utilizada foi a pesquisa em variados livros da área e em sítios de instituições públicas e privadas que abordam as questões e os temas aqui discutidos.

Nos seis capítulos que compõem este livro, serão abordados, de maneira direta e indireta, diversos assuntos relacionados à mobilidade urbana. No Capítulo 1, veremos a estrutura governamental que rege a mobilidade urbana, assim como as fontes de financiamento de projetos nessa área. Nesse momento, descreveremos a organização do Poder Público no que diz respeito à mobilidade urbana nos níveis federal, estadual e municipal. Também apresentaremos as fontes de financiamento existentes e disponíveis hoje para o desenvolvimento e a execução desses projetos.

No Capítulo 2, discutiremos os trâmites para a obtenção de recursos em projetos voltados à mobilidade urbana. Ainda que se trate de um conteúdo mais técnico, esse capítulo é fundamental, pois demonstra, de forma clara, os passos que devem ser observados, de acordo com as normas aplicáveis, para que os recursos destinados a projetos de mobilidade urbana possam, de fato, ser captados. Cabe ressaltar, ainda, que os recursos disponíveis atualmente são suficientes, mas existe uma carência de projetos de mobilidade urbana que estejam em conformidade com as especificações normativas.

No Capítulo 3, abordaremos todos os tipos de modais de trânsito: pedestres, bicicletas e patinetes, bem como veículos automotores e transportes públicos. É muito importante conhecer os diversos modais, desde os mais tradicionais e conhecidos até os mais recentes, integrantes da chamada *micromobilidade*, como os patinetes, que estão cada vez mais presentes nos cenários urbanos.

O Capítulo 4 destina-se ao estudo de projetos de mobilidade urbana relativos a pedestres e ciclistas. Nesse momento, examinaremos a Política Nacional de Mobilidade Urbana (PNMU) e o incentivo dado ao transporte ativo (aquele desenvolvido pela própria pessoa), seja pelo fato de proporcionar a realização de atividade física, seja pela praticidade no deslocamento.

No Capítulo 5, trataremos dos projetos de mobilidade urbana voltados aos novos modais ativos e a outros tipos de modais de transporte coletivo. Discutiremos os aspectos que envolvem os modais ativos mais recentes, como os patinetes e os respectivos projetos de mobilidade urbana, bem como os veículos particulares e coletivos, uma vez que o transporte por veículos automotores ainda é a forma mais utilizada para deslocamentos nos centros urbanos.

Por fim, no Capítulo 6, analisaremos os projetos de mobilidade urbana concernentes à estrutura das cidades. Apresentaremos excelentes exemplos já empregados em outras cidades do mundo, além de examinarmos a estrutura das cidades brasileiras, seus desafios e suas perspectivas.

De maneira geral, a necessidade de se escrever uma obra desta natureza concretizou-se pela importância de compilar tais assuntos de maneira clara e objetiva, de modo a fornecer elementos fundamentais para o conhecimento e a utilização dos recursos disponíveis para a área. Além disso, buscamos elaborar uma obra precisa, que exponha as informações necessárias de forma prática e, principalmente, útil, a fim de atingir todos aqueles que trabalham ou pretendem trabalhar com mobilidade urbana.

Como aproveitar ao máximo este livro

Empregamos nesta obra recursos que visam enriquecer seu aprendizado, facilitar a compreensão dos conteúdos e tornar a leitura mais dinâmica. Conheça a seguir cada uma dessas ferramentas e saiba como estão distribuídas no decorrer deste livro para bem aproveitá-las.

Logo na abertura do capítulo, relacionamos os conteúdos que nele serão abordados.

Antes de iniciarmos nossa abordagem, listamos as habilidades trabalhadas no capítulo e os conhecimentos que você assimilará no decorrer do texto.

Conteúdos do capítulo:
- Estrutura governamental aliada à mobilidade urbana.
- Fontes de financiamento de projetos de mobilidade urbana.

Após o estudo deste capítulo, você será capaz de:
1. discorrer a respeito da estrutura governamental no que se refere à mobilidade urbana no Brasil;
2. descrever as fontes de financiamento de projetos de mobilidade urbana.

Cabe ressaltar, ainda, a diretriz que prioriza o transporte não motorizado sobre o motorizado e o público sobre o individual, visto que o transporte motorizado individual deve ser, no médio e longo prazos, desestimulado e até, quem sabe, totalmente descartado. No plano das ideias, isso pode parecer uma utopia, mas a experiência na cidade de Vancouver, no Canadá, demonstra que estabelecer políticas públicas sérias é possível. Lá se pretende, até 2020, fazer com que 50% dos deslocamentos urbanos sejam realizados a pé, de bicicleta ou em transporte público (Gaete, 2017).

Para saber mais

Caso queira saber mais sobre as metas para o desenvolvimento sustentável em Vancouver, sugerimos a leitura do artigo *Como Vancouver se tornou uma cidade multimodal*, de Constanza Martínez Gaete (2017).

GAETE, C. M. Como Vancouver se tornou uma cidade multimodal. 1 abr. 2017. **ArchDaily**. Disponível em: <https://www.archdaily.com.br/br/868067/como-vancouver-se-tornou-uma-cidade-multimodal>. Acesso em: 28 set. 2020.

Não se pode olvidar que os objetivos da PNMU giram em torno de: reduzir as desigualdades; promover a inclusão social; garantir o acesso aos serviços básicos e aos equipamentos sociais; proporcionar melhoria nas condições urbanas da população no que se refere à acessibilidade e à mobilidade; promover o desenvolvimento sustentável, com vistas à mitigação de custos ambientais e socioeconômicos dos deslocamentos de pessoas e cargas nas cidades; e consolidar a gestão democrática como instrumento e garantia da construção contínua do aprimoramento da mobilidade urbana. De maneira geral, a PNMU objetiva melhorar a qualidade de vida da sociedade, por meio do desenvolvimento sustentável, com a participação ativa das pessoas no processo de tomada de decisões. Portanto, e sob esse enfoque, estabelece as políticas a serem implementadas.

Assim, embora exista uma percepção de que os veículos automotores são o modal mais utilizado, podemos verificar, no levantamento realizado em 2007, que o modo a pé corresponde à maioria dos deslocamentos nas cidades com menos de 1 milhão de habitantes. Nas grandes cidades (com mais de 1 milhão de habitantes), o transporte coletivo (TC) caracteriza-se como o modal mais utilizado. Podemos notar também que, nessas cidades, o pedestre ocupa a segunda posição, provavelmente pela estreita relação que tem com o transporte coletivo.

Falar de mobilidade urbana exige igualmente que se discuta a eficiência do uso do espaço no transporte. De acordo com dados do *website* Mobilidade Urbana Sustentável (Mobilize, 2020), a eficiência no uso desse espaço está relacionada com: (a) o modo de deslocamento escolhido; (b) a velocidade média que cada modal atinge; (c) o espaço ocupado pelas pessoas; e (d) a taxa de ocupação por modal. Uma pessoa em um veículo, por exemplo, chega a ocupar 50 m², o que corresponde, no dia a dia, a muitos casos. Por outro lado, uma pessoa a pé ocupa cerca de 60 vezes menos espaço (Mobilize, 2020). Nesse sentido, os transportes públicos auxiliam, e muito, para que essa taxa de ocupação seja menor. Assim, mais uma vez, está justificada a prioridade do transporte não motorizado sobre o motorizado, bem como do transporte público sobre o particular.

Curiosidade

Em 2014, saiu uma notícia na TV Gazeta de Alagoas em que se questionavam e se analisavam, de um lado, o crescimento desproporcional de carros e, de outro, a falta de planejamento urbano. Leia, a seguir, um trecho dessa notícia.

"Um carro", respondeu prontamente a secretária Josilene Lessa, 33, quando perguntada sobre o que compraria se tivesse um poder aquisitivo maior. Assim como ela,

> Listamos e comentamos nesta seção os documentos legais que fundamentam a área de conhecimento, o campo profissional ou os temas tratados no capítulo para você consultar a legislação e se atualizar.

Para saber mais

A fim de conhecer melhor a apresentação de um projeto de mobilidade urbana em uma audiência pública da Comissão Especial da Câmara dos Deputados, consulte o seguinte conteúdo:

BRASIL. Ministério do Desenvolvimento Regional. Secretaria Nacional de Mobilidade e Serviços Urbanos. **Mobilidade urbana**. Disponível em: <https://www2.camara.leg.br/atividade-legislativa/comissoes/comissoes-temporarias/especiais/56a-legislatura/pl-488112-politica-de-mobilidade-urbana/documentos/audiencias-publicas/RicardoCaiadoAlvarenga.pdf>. Acesso em: 28 set. 2020.

Consultando a legislação

- Instrução Normativa n. 16, de 10 de julho de 2018, responsável por estabelecer o procedimento específico de enquadramento e seleção das propostas de operação de crédito no Programa Avançar Cidades – Mobilidade Urbana (Grupo 2), apresentadas no âmbito do Programa de Infraestrutura de Transporte e da Mobilidade Urbana (Pró-Transporte).
- Instrução Normativa n. 28, de 11 de julho de 2017, que estabelece o procedimento específico de enquadramento e seleção das propostas deo peração de crédito no Programa Avançar Cidades – Mobilidade Urbana (Grupo 1), apresentadas no âmbito do Programa de Infraestrutura de Transporte e da Mobilidade Urbana (Pró-Transporte).
- Instrução Normativa n. 31, de 4 de dezembro de 2018, que altera a Instrução Normativa n. 16, de 10 de julho de 2018, e estabelece o procedimento específico de enquadramento e seleção das propostas de operação de crédito no Programa Avançar Cidades – Mobilidade Urbana (Grupo 2), apresentadas no âmbito do Programa de Infraestrutura de Transporte e da Mobilidade Urbana – Pró-Transporte.
- Lei Federal n. 12.587, de 3 de janeiro de 2012, que institui as diretrizes da Política Nacional de Mobilidade Urbana.
- Lei Federal n. 13.683, de 19 de junho de 2018, que institui as diretrizes da Política Nacional de Mobilidade Urbana.

> Ao final de cada capítulo, relacionamos as principais informações nele abordadas a fim de que você avalie as conclusões a que chegou, confirmando-as ou redefinindo-as.

Síntese

Neste capítulo, vimos que a Lei Federal n. 12.587/2012, além de instituir as diretrizes da PNMU, dispõe sobre os princípios e conceitos da política de desenvolvimento urbano e criou o Sistema Nacional de Mobilidade Urbana, tendo como objetivo o acesso universal à cidade.

Nesse sentido, observamos que, visando garantir a execução de projetos voltados à melhoria da mobilidade urbana nos diversos entes federativos, o governo federal desenvolveu programas cujo objetivo é facilitar a captação de recursos. Por isso, elencamos os critérios e as condições estabelecidos por regulamentos específicos.

Conforme buscamos esclarecer, existem muitas oportunidades de angariar recursos para projetos de mobilidade urbana. Para tanto, basta ter boas ideias e formatá-las de acordo com os procedimentos necessários para a captação dos financiamentos.

Questões para revisão

1. Sobre os trâmites para a obtenção de recursos, assinale a alternativa correta:
   a. A elaboração do plano de mobilidade urbana (considerando-se municípios com população acima de 20 mil habitantes) é fundamental para o recebimento de recursos orçamentários federais.
   b. De acordo com a Instrução Normativa n. 16/2018, para municípios com população entre 250 mil e 500 mil habitantes, o valor máximo do somatório das propostas é de R$ 100 milhões.
   c. Entre as modalidades específicas para a obtenção de recursos, verifica-se que fazem parte da modalidade 1 as obras civis, os equipamentos e os sistemas necessários à implantação, à ampliação, à modernização e/ou à adequação do transporte não motorizado.
   d. Não há grandes possibilidades de obtenção de recursos orçamentários federais para a execução de projetos de mobilidade urbana.
   e. A elaboração do plano de mobilidade urbana (considerando-se municípios com população acima de 20 mil habitantes) é facultativa para o recebimento de recursos orçamentários federais.

2. Sobre projetos de mobilidade urbana, assinale a alternativa incorreta:

> Ao realizar estas atividades, você poderá rever os principais conceitos analisados. Ao final do livro, disponibilizamos as respostas às questões para a verificação de sua aprendizagem.

---

   c. O Programa Pró-Transporte está voltado ao financiamento dos setores público e privado para a implantação e a requalificação de sistemas e melhorias na mobilidade urbana das pessoas, contribuindo para a promoção do desenvolvimento urbano, econômico e social, bem como para a preservação do meio ambiente, de maneira a garantir o retorno dos financiamentos concedidos e conferir maior alcance social às aplicações do FGTS.
   d. De acordo com o MDR, são participantes do Programa Pró-Transporte: a) o gestor da aplicação – Ministério das Cidades; b) o agente operador do FGTS – Caixa Econômica Federal; c) os agentes financeiros – instituições financeiras e agências de fomento previamente habilitadas pelo agente operador; e d) os mutuários/tomadores de recursos – setor público e setor privado.
   e. Do setor público podem tomar recursos: Estados, municípios, Distrito Federal e órgãos públicos gestores.

4. Qual é a estrutura da Semob?

5. Cite, pelo menos, três modalidades de projeto de mobilidade urbana que podem ser financiadas.

Questões para reflexão

1. As novas tecnologias disruptivas (como os aplicativos voltados ao transporte) devem ser abordadas pelos gestores públicos de maneira completa, participativa e técnica – principalmente em nível local. Nesse sentido, antecedendo a 76ª Reunião da Frente Nacional de Prefeitos (FNP), realizada em Salvador (Bahia), entre os dias 8 e 11 de outubro de 2019, o tema da mobilidade urbana foi objeto de discussão na Câmara dos Deputados. Sobre o assunto, observe a seguir o trecho extraído de um artigo da FNP (2019):

> Ao propor estas questões, pretendemos estimular sua reflexão crítica sobre temas que ampliam a discussão dos conteúdos tratados no capítulo, contemplando ideias e experiências que podem ser compartilhadas com seus pares.

✦ ✦ ✦

capítulo um

Estrutura governamental e mobilidade urbana: o estudo de uma relação

Conteúdos do capítulo:

* Estrutura governamental aliada à mobilidade urbana.
* Fontes de financiamento de projetos de mobilidade urbana.

Após o estudo deste capítulo, você será capaz de:

1. discorrer a respeito da estrutura governamental no que se refere à mobilidade urbana no Brasil;
2. descrever as fontes de financiamento de projetos de mobilidade urbana.

Neste capítulo, analisaremos a estrutura governamental referente à mobilidade urbana. Essa estrutura concerne aos níveis municipal, estadual e federal de governo, às fontes de financiamento de projetos de mobilidade urbana e aos órgãos gestores do sistema. Portanto, exploraremos os caminhos para a obtenção de recursos em projetos de mobilidade urbana bem como os procedimentos necessários para tal.

1.1 Estrutura governamental voltada à mobilidade urbana

O tema da mobilidade urbana, atualmente, tem sido objeto de grande atenção, seja pelo excesso de veículos automotores particulares, seja pela estrutura do transporte público nas cidades, seja pelo crescimento de outros modais de trânsito (bicicletas, patinetes etc.).

Antes de abordarmos a estrutura governamental propriamente dita, é relevante trazer algumas observações importantes sobre a mobilidade urbana brasileira sob uma perspectiva histórica. Nesse aspecto, Rubim e Leitão (2013) esclarecem que, a partir da Constituição de 1934, observou-se, no Brasil, uma maior preferência pelo transporte rodoviário, visto que os esforços estavam voltados à construção de rodovias. Com a chegada da indústria automobilística, em 1956, as políticas fortificaram o apoio aos veículos automotores, sobretudo no que diz respeito ao carro e à moto. Conforme defendem Rubim e Leitão (2013, p. 56), essas políticas fizeram com que o uso do automóvel se tornasse, ao logo do tempo, um sério problema nas grandes cidades, pois "voltamos a enfrentar e discutir os impactos sociais, ambientais e de saúde gerados pelo uso exagerado de um modal no transporte de pessoas: hoje, o carro se tornou o cavalo do século XXI".

Assim, percebe-se que a mobilidade urbana se transformou em ponto essencial de discussão e que o estabelecimento de políticas públicas adequadas é imperativo para diversos governos. Como veremos a seguir, muitas estruturas governamentais de mobilidade já foram criadas e alteradas, mas é preciso, ainda, conceber algum órgão, departamento, secretaria ou ministério responsável pela área, isso em todos os níveis – federal, estadual e municipal.

Inicialmente, vejamos parte de uma reportagem intitulada *Mobilidade e transporte no governo Bolsonaro* (GVBUS, 2019):

> A questão do direcionamento dos recursos [...] começou a ser equacionada nos primeiros dias do ano, quando foram anunciadas as mudanças na estrutura governamental. [...]
>
> Com a reestruturação, as atribuições do extinto Ministério das Cidades – pasta anteriormente responsável pela área de mobilidade urbana –, passaram a fazer parte do Ministério do Desenvolvimento Regional (MDR) [...].
>
> Dentro do MDR está a Secretaria Nacional de Mobilidade Urbana (Semob) [...]. Além da Semob, o MDR possui mais cinco secretarias: Proteção e Defesa Civil; Desenvolvimento Regional e Urbano; Segurança Hídrica; Saneamento; e Habitação. Antes, o Ministério das Cidades reunia apenas quatro secretarias: Habitação; Saneamento Ambiental; Transporte e Mobilidade; e Programas Urbanos.
>
> O Departamento Nacional de Trânsito (Denatran) e o Conselho Nacional de Trânsito (Contran), órgãos antes vinculados ao Ministério das Cidades, agora foram integrados ao Ministério da Infraestrutura, assim como Transportes, Portos e Aviação Civil. Além disso,

o Ministério do Trabalho se tornou a Secretaria Especial de Previdência e Trabalho e agora faz parte da estrutura do Ministério da Economia, que por sua vez absorveu também os antigos ministérios da Fazenda; do Planejamento, Desenvolvimento e Gestão; e da Indústria, Comércio Exterior e Serviços.

Verificamos que, com a reestruturação ministerial, a Secretaria Nacional de Mobilidade (Semob) passou a integrar o Ministério do Desenvolvimento Regional (MDR).

Assim, no âmbito do governo federal, existe a Semob, que é subordinada ao MDR. Nos âmbitos estaduais, há grande variação, com pastas acumulando pautas similares ou congêneres, como a Secretaria de Estado de Transporte e Mobilidade do Distrito Federal. Em nível municipal, há ainda mais diferenças, inclusive com autarquias sendo responsáveis pela gestão do trânsito e da mobilidade urbana.

O MDR tem diversas atribuições. No que diz respeito às obras de mobilidade urbana, como metrôs, trens, VLTs (veículos leves sobre trilhos) e BRTs (*Bus Rapid Transit*, ou transporte rápido por ônibus), e de melhorias em vias públicas, todas passam a estar sob o comando do novo ministério. Nesse sentido, o MDR torna-se responsável por levar adiante

> iniciativas destinadas a melhorar a acessibilidade de pessoas, serviços e turismo, bem como o escoamento de produção entre as regiões. Além dos repasses e financiamentos concedidos às prefeituras para a execução dos empreendimentos, o MDR cumprirá importante papel para garantir que as cidades elaborem seus planos diretores de mobilidade urbana. (Brasil, 2019c)

Por outro lado, a Semob, que, como sabemos, foi instituída no antigo Ministério das Cidades, tem como finalidade elaborar e implementar políticas de mobilidade urbana sustentável, sendo sua missão tanto fomentar quanto implementar políticas de mobilidade urbana que proporcionem "acesso universal de forma segura, socialmente inclusiva e sustentável" (Brasil, 2020).

É importante mencionar aqui os objetivos do plano estratégico dessa secretaria. No que concerne à ampliação da oferta de serviços de mobilidade, é preciso:

- Apoiar a implantação de infraestrutura para pedestres e ciclistas;
- Apoiar a implantação e/ou requalificação de sistemas de transporte coletivo;
- Apoiar projetos de integração entre modos de transporte;
- Apoiar investimento em infraestrutura e equipamentos de gestão da circulação;
- Apoiar a implantação de projetos de pavimentação e qualificação de vias e de moderação de tráfego;
- Requalificar e modernizar os sistemas metroferroviários sob gestão do Governo Federal, via empresas vinculadas;
- Apoiar projetos que promovam a acessibilidade. (Brasil, 2018d)

No que diz respeito à melhoria do planejamento e da gestão da Política Nacional de Mobilidade Urbana (PNMU), são objetivos da Semob:

- Promover a aplicação da Política Nacional de Mobilidade Urbana (PNMU);
- Fomentar o desenvolvimento científico e tecnológico em mobilidade urbana;
- Contribuir para capacitação continuada das pessoas e desenvolvimento das instituições do setor;
- Fomentar a elaboração e implantação dos Planos de Mobilidade Urbana, de forma participativa e transparente;
- Fomentar a concepção e a execução de projetos aderentes às normas de acessibilidade;
- Incentivar novas formas de financiamento para o setor;
- Disponibilizar informações sobre a mobilidade urbana e a qualidade e produtividade dos serviços de transporte público coletivo; e
- Promover a transição para uma mobilidade urbana com baixas emissões de gases de efeito estufa e poluentes locais, resiliente e mais adaptada às mudanças do clima. (Brasil, 2018d)

Portanto, mesmo que a Semob apresente certas missões a cumprir, detém, sobretudo, condições para apoiar – inclusive financeiramente – projetos de mobilidade urbana sustentáveis e exequíveis. Essa secretaria tem dois departamentos, a saber: o Departamento de Planejamento e Gestão e o Departamento de Mobilidade Urbana.

As atribuições do Departamento de Planejamento e Gestão são:

I. formular e avaliar a Política Nacional de Mobilidade Urbana e os instrumentos necessários à sua implementação;
II. formular, implementar e monitorar o planejamento estratégico da Secretaria em consonância com outros planos e programas plurianuais;
III. formular, apoiar, implementar e monitorar mecanismos de financiamento da mobilidade urbana;
IV. integrar a Política Nacional de Mobilidade Urbana com as demais políticas públicas voltadas para o desenvolvimento urbano sustentável;
V. propor o aperfeiçoamento da legislação e de mecanismos institucionais diferenciados com vistas a uma maior efetividade das políticas de mobilidade urbana;
VI. propor as bases para o desenvolvimento de estudos e de pesquisas na área de mobilidade urbana;
VII. desenvolver e fomentar ações que contribuam para o desenvolvimento e o aperfeiçoamento institucional, regulatório e dos processos de delegação dos serviços afetos à mobilidade urbana; e
VIII. articular-se com órgãos do Sistema Nacional de Trânsito, de transportes e de segurança pública.
(Brasil, 2016e)

Assim, o Departamento de Planejamento e Gestão é o responsável pela PNMU. Também cabe a ele formular, apoiar, implementar e monitorar mecanismos de financiamento voltados à mobilidade urbana, aspecto de grande importância para aqueles que trabalham ou pretendem trabalhar com projetos de mobilidade urbana.

O Departamento de Mobilidade Urbana, por sua vez, tem as seguintes competências:

I. elaborar diretrizes para a modernização e a disseminação dos padrões de mobilidade das cidades e regiões metropolitanas;
II. desenvolver ações de apoio ao transporte não motorizado, envolvendo pedestres e ciclistas;
III. priorizar a implementação de projetos referentes a ciclovias, a políticas de utilização de bicicletas e a alternativas individuais de transporte não motorizado;
IV. estimular o desenvolvimento de projetos relacionados aos diferentes meios de transporte público de passageiros;
V. desenvolver ações voltadas para a integração entre os diversos modos e serviços de transportes. (Brasil, 2016d)

Logo, o Departamento de Mobilidade Urbana centra-se, entre outros aspectos, nos modais ativos, ou seja, em pedestres e ciclistas, os quais, vale dizer, merecem cada vez mais atenção do Poder Público.

A Figura 1.1 apresenta a estrutura de organização da Semob.

Figura 1.1 – Estrutura da Semob

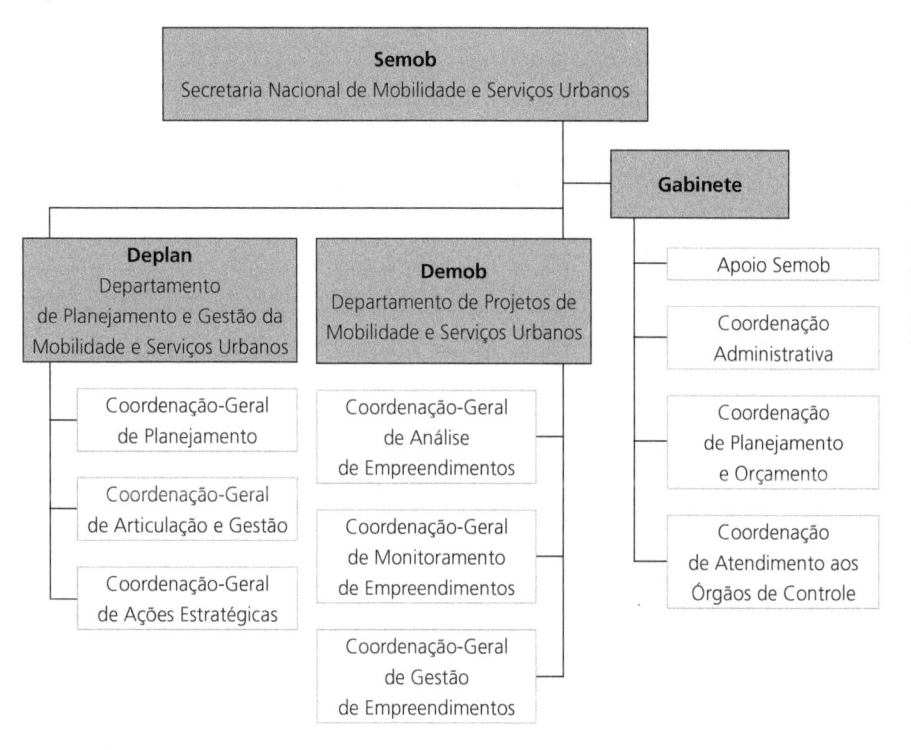

```
                    Semob
    Secretaria Nacional de Mobilidade e Serviços Urbanos
                         │
                         ├──────────────────── Gabinete
                         │
    ┌────────────────────┼────────────────────┐
    │                    │                    │
  Deplan              Demob              Apoio Semob
Departamento    Departamento de Projetos de
de Planejamento e Gestão da   Mobilidade e Serviços Urbanos   Coordenação
Mobilidade e Serviços Urbanos                                 Administrativa
```

- **Deplan** — Departamento de Planejamento e Gestão da Mobilidade e Serviços Urbanos
  - Coordenação-Geral de Planejamento
  - Coordenação-Geral de Articulação e Gestão
  - Coordenação-Geral de Ações Estratégicas

- **Demob** — Departamento de Projetos de Mobilidade e Serviços Urbanos
  - Coordenação-Geral de Análise de Empreendimentos
  - Coordenação-Geral de Monitoramento de Empreendimentos
  - Coordenação-Geral de Gestão de Empreendimentos

- **Apoio Semob**
  - Coordenação Administrativa
  - Coordenação de Planejamento e Orçamento
  - Coordenação de Atendimento aos Órgãos de Controle

Fonte: Brasil, 2019e.

Desse modo, notamos que as atividades desenvolvidas pela Semob são inúmeras e que, também por isso, demandam certo dinamismo e uma estrutura ágil e ativa. Naturalmente, um sistema engessado e por demais burocrático pode prejudicar as diversas iniciativas na área de mobilidade urbana.

Nesse sentido, o número populacional e os meios de locomoção disponíveis estão diretamente relacionados. Vale destacar: a população brasileira está distribuída em 5.570 municípios, dos quais 94,5% têm até 100 mil habitantes. As 17 cidades com mais de um milhão de habitantes concentram cerca de 22% da população brasileira.

Tabela 1.1 – População dos municípios

Faixa populacional	Quantidade de municípios
Abaixo de 20 mil hab.	3.824
20 mil a 60 mil hab.	1.213
60 mil a 100 mil hab.	229
100 mil a 250 mil hab.	194
250 mil a 500 mil hab.	69
500 mil a 1 milhão hab.	24
Acima de 1 milhão	17
Total	**5.570**
5.266 municípios com até 100 mil habitantes (94,5% do total)	
46 milhões de pessoas vivem nas 17 cidades com mais de um milhão de habitantes (22% do total)	

Fonte: Brasil, 2019e.

Assim, a maioria das cidades brasileiras tem modesta população e, portanto, apresenta uma dinâmica própria de mobilidade urbana. Sob essa ótica, observemos a Figura 1.2, que retrata a situação da mobilidade urbana no Brasil.

Figura 1.2 – Mobilidade urbana no Brasil

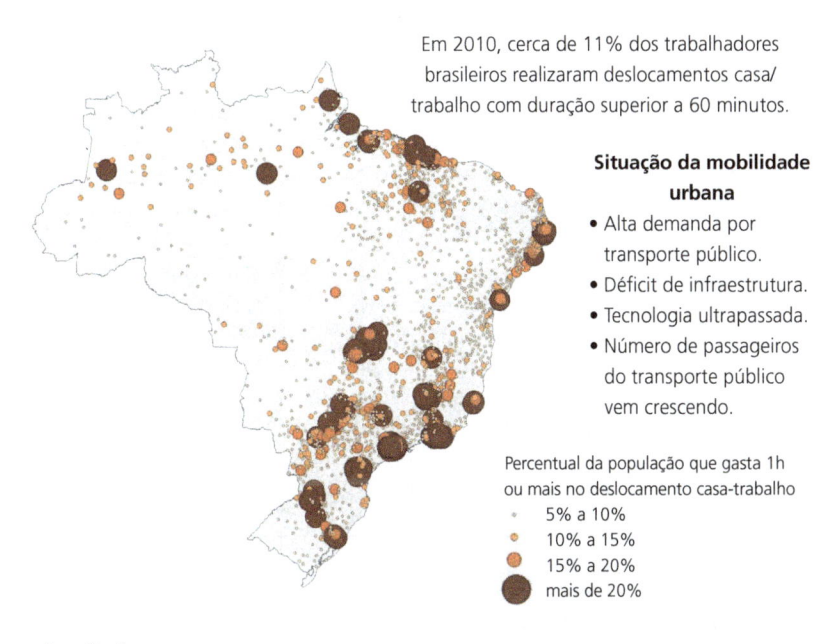

Em 2010, cerca de 11% dos trabalhadores brasileiros realizaram deslocamentos casa/trabalho com duração superior a 60 minutos.

Situação da mobilidade urbana
- Alta demanda por transporte público.
- Déficit de infraestrutura.
- Tecnologia ultrapassada.
- Número de passageiros do transporte público vem crescendo.

Percentual da população que gasta 1h ou mais no deslocamento casa-trabalho
- 5% a 10%
- 10% a 15%
- 15% a 20%
- mais de 20%

Fonte: Brasil, 2019e.

Tendo em vista essa realidade, o Brasil necessitaria de transportes públicos eficientes, porém ainda possui uma infraestrutura de mobilidade urbana deficitária, o que torna mais relevante (e urgente) a definição da PNMU.

O monitoramento e a avaliação da efetividade dessa política podem ser verificados no respectivo relatório de atividades e nos resultados do grupo de trabalho (Brasil, 2016c). Para tanto, foi definida uma lista de sete eixos temáticos, alinhados com resultados efetivos da implementação da PNMU, com descrições objetivas para cada um dos eixos e seus aspectos, de modo a balizar a posterior escolha dos indicadores. Esses eixos temáticos estão detalhados no Quadro 1.1.

Quadro 1.1 – Lista de sete eixos temáticos

Eixo temático	Descrição	Aspectos considerados
1. Qualidade do sistema de mobilidade urbana	Promover a qualidade do sistema de mobilidade urbana de modo a garantir as condições adequadas de deslocamentos para as pessoas.	• Qualidade dos deslocamentos; • Satisfação do usuário.
2. Desenvolvimento urbano integrado	Promover o desenvolvimento urbano que fomente usos variados e o equilíbrio de atividades distribuídas no espaço, por meio da integração das políticas de mobilidade urbana com a política de desenvolvimento urbano e demais políticas setoriais.	• Distribuição das atividades no território.
3. Sustentabilidade econômica e financeira	Promover sistemas de mobilidade economicamente sustentáveis considerando a justa distribuição dos benefícios e ônus decorrentes do uso dos diferentes modos e serviços.	• Custo geral do sistema de mobilidade urbana; • Identificação de como são pagos estes custos.
4. Gestão democrática e controle social	Promover a participação da sociedade civil no planejamento, monitoramento e avaliação dos sistemas de mobilidade urbana.	• Participação na tomada de decisão; • Disponibilidade de informações sobre planos e projetos.
5. Acesso e equidade	Promover o acesso ao território e às oportunidades da vida urbana para todos de forma a favorecer a equidade, com atenção para grupos de baixa renda, pessoas com deficiência ou mobilidade reduzida.	• Viagens; • Custos para o usuário; • Tempo de viagem; • Acessibilidade dos pontos de embarque; • Capilaridade territorial.

(continua)

(Quadro 1.1 – conclusão)

Eixo temático	Descrição	Aspectos considerados
6. Sustentabilidade ambiental	Reduzir os impactos negativos dos sistemas de mobilidade urbana no meio ambiente e na saúde humana.	• Poluição local; • Poluição global; • Uso de combustível alternativo; • Priorização de modos de transporte coletivo e não motorizados.
7. Acidentes de transportes	Promover sistemas de mobilidade que prezem pela segurança das pessoas nos diversos modos de deslocamentos.	• Acidentes; • Mortes; • Feridos.

Fonte: Brasil, 2016c, p. 19.

Portanto, os sete eixos temáticos dizem respeito: (1) à qualidade do sistema de mobilidade urbana; (2) ao desenvolvimento urbano integrado; (3) à sustentabilidade econômica e financeira; (4) à gestão democrática e controle social; (5) ao acesso e equidade; (6) à sustentabilidade ambiental; e (7) aos acidentes de transportes.

Ao analisarmos as variáveis que integram cada eixo temático, chegamos a uma avaliação da qualidade e da eficiência da mobilidade urbana brasileira. Naturalmente, para essa avaliação dispor de qualidade científica, é preciso definir alguns indicadores. Assim, com base no conjunto de critérios prioritários, explicitados no item 6 (sustentabilidade ambiental) do Quadro 1.1, formulou-se uma lista de indicadores por eixo temático, testada em um projeto-piloto. A lista, apresentada no Quadro 1.2, é composta por 34 indicadores, entre os quais 11 são considerados indicadores de curto prazo, 11 de médio prazo e 12 de longo prazo.

Quadro 1.2 – Lista preliminar de indicadores por eixo temático

Eixo temático	Prazo	ID	Indicadores
1. Qualidade do sistema de mobilidade urbana	Curto	1.1	Percentual da população que gasta 1 hora ou mais no deslocamento casa-trabalho (total e por faixa de renda).
	Médio	1.2	Percentual de pontos de acesso com informação sobre itinerário, horário, tarifa, integração, mapas por modo.
	Médio	1.3	Pesquisa de satisfação do usuário.
	Longo	1.4	Índice de Desempenho Operacional.
2. Desenvolvimento urbano integrado	Curto	2.1	Percentual da população vivendo próxima a terminais e estações de transporte de média e alta capacidade (total e por faixa de renda).
	Médio	2.2	Percentual de habitações de interesse social próximas ao transporte de média ou alta capacidade.
	Médio	2.3	Percentual de hospitais públicos próximos a terminais e estações de transporte de média e alta capacidade.
	Médio	2.4	Percentual de universidades públicas próximas a terminais e estações de transporte de média e alta capacidade.
	Longo	2.5	Índice de distribuição da população em relação aos postos de trabalho.
3. Sustentabilidade econômica e financeira	Curto	3.1	Percentual de receita extra tarifária do sistema de transporte coletivo por ônibus.
4. Gestão democrática e controle social	Longo	4.1	Índice de transparência.
	Longo	4.2	Índice de participação social.

(continua)

(Quadro 1.2 – continuação)

Eixo temático	Prazo	ID	Indicadores
5. Acesso e equidade	Curto	5.1	Peso do custo de transporte público na renda média.
	Médio	5.2	Evolução do número de passageiros no sistema de transporte público coletivo.
	Médio	5.3	Percentual da população próxima a pontos de embarque de transporte público coletivo.
	Médio	5.4	Percentual de postos de trabalho próximos a terminais e estações de transporte de média e alta capacidade.
	Longo	5.5	Razão entre número médio de viagens por modo dos moradores de domicílios mais ricos em relação aos mais pobres.
	Longo	5.6	Divisão modal por faixa de renda.
6. Sustentabilidade ambiental	Curto	6.1	Percentual de combustíveis renováveis na matriz energética do transporte.
	Curto	6.2	Emissões de gases de efeito estufa (GEEs) *per capita*.
	Curto	6.3	Emissões de poluentes locais *per capita*.
	Médio	6.4	Percentual de dias com boa qualidade do ar.
	Médio	6.5	Número de viagens feitas por modos de transporte não motorizados *versus* modos de transporte motorizados.
	Médio	6.6	Número de viagens feitas por transporte coletivo *versus* motorizado individual.
	Longo	6.7	População exposta ao ruído de tráfego.

(Quadro 1.2 – conclusão)

Eixo temático	Prazo	ID	Indicadores
7. Acidentes de transportes	Curto	7.1	Número de mortos devido a acidentes de trânsito por 100 mil habitantes (total e por modo de deslocamento).
	Curto	7.2	Número de feridos hospitalizados devido a acidentes de trânsito por 100 mil habitantes (total e por modo de deslocamento).
	Curto	7.3	Gasto com internações de feridos hospitalizados no SUS devido a acidentes de trânsito por 100 mil habitantes.
	Curto	7.4	Gasto total com indenizações (mortes e invalidez) pagas pelo Seguro DPVAT.

Fonte: Brasil, 2016c, p. 20-21.

Conforme pode ser observado no quadro, os indicadores podem ser de curto, médio e longo prazos. Por exemplo, no eixo de sustentabilidade ambiental, há o indicador de longo prazo "população exposta ao ruído de tráfego", que, claramente, serve para a avaliação da PNMU.

Dessa maneira, o relatório apresenta resultados bastante detalhados, cientificamente elaborados e que devem ser consultados principalmente por quem elabora projetos de mobilidade urbana, podendo ser acessado por qualquer cidadão.

1.2 Fontes de financiamento de projetos de mobilidade urbana

Quando se discutem projetos de mobilidade urbana, sempre surge o questionamento sobre a possibilidade de conseguir financiamento, uma vez que, geralmente, eles demandam grande aporte de investimento. Ciente dessa situação, o governo federal desenvolveu e colocou à disposição uma iniciativa muito interessante, o Programa Avançar Cidades – Mobilidade Urbana, que trabalha em prol de melhorar a circulação das pessoas em meios urbanos. Esse objetivo é alcançado

> por intermédio do financiamento de ações de mobilidade urbana voltadas à qualificação viária, ao transporte público coletivo de caráter urbano, ao transporte não motorizado (transporte ativo) e à elaboração de planos de mobilidade urbana e de projetos executivos.
>
> Os recursos disponibilizados para o programa são de **financiamento**, oriundos do FGTS, conforme disposições constantes no Programa de Infraestrutura de Transporte e da Mobilidade Urbana – Pró-Transporte, regulamentado pela Instrução Normativa n. 027/2017.
>
> O programa está dividido em 2 grupos, conforme o porte populacional do município. O **Grupo 1** é composto por todos os municípios com população igual ou inferior a 250 mil habitantes. O **Grupo 2** inclui os municípios com população superior a 250 mil habitantes. (Brasil, 2017c, grifo do original)

Como se trata de uma atitude de observância aos procedimentos necessários para o recebimento dos recursos, é obrigatório o estudo da norma regulamentar sobre tal processo, devendo-se considerar os dois grupos estabelecidos de acordo com o tamanho do município. Vejamos aqui apenas o Grupo 1.

A princípio, vamos destacar o texto da Instrução Normativa n. 28, de 11 de julho de 2017, do Ministério das Cidades (Brasil, 2017b). Entre os objetivos fixados estão:

> 1.1. Estabelecer procedimento específico para enquadramento e seleção das propostas de operação de crédito no Programa Avançar Cidades – Mobilidade Urbana (Grupo 1), com recursos disponibilizados no âmbito do Programa de Infraestrutura de Transporte e da Mobilidade Urbana (Pró-Transporte).
>
> 1.2. O objetivo é melhorar a circulação das pessoas nos ambientes urbanos por intermédio do financiamento de ações de mobilidade urbana voltadas à qualificação viária, ao transporte público coletivo sobre pneus, ao transporte não motorizado (transporte ativo) e à elaboração de planos de mobilidade urbana e de projetos executivos. (Brasil, 2017b)

Portanto, o objetivo é promover a melhora da circulação das pessoas nos ambientes urbanos, com projetos de qualificação viária, transporte público coletivo e transporte ativo, além, é claro, da elaboração dos planos de mobilidade urbana. Dessa forma, podem ser desenvolvidos projetos nas seguintes modalidades, ainda de acordo com a Instrução Normativa n. 28/2017:

> 4.1. O Programa Avançar Cidades – Mobilidade Urbana (Grupo 1) possui ações financiáveis específicas para esta seleção, de acordo com as modalidades previstas para o Programa Pró-Transporte, distribuídas conforme a seguir:
> a) Modalidade 2 – Qualificação Viária: pavimentação de bairros, poligonais e itinerários de transporte público coletivo, implantação de abrigos e estações, e construção de pontes [...]
> b) Modalidade 3 – Transporte Não Motorizado: infraestrutura urbana destinada a modos de transporte não motorizados [...]

c) Modalidade 4 – Estudos e Projetos: elaboração de projetos executivos e seus respectivos estudos, para os empreendimentos que se enquadrem nas modalidades desta seleção.

d) Modalidade 5 – Planos de Mobilidade Urbana: elaboração de Plano de Mobilidade Urbana e seus respectivos estudos, inclusive diagnósticos, para municípios com mais de 100 mil habitantes. (Brasil, 2017b)

Podemos verificar que existem modalidades para praticamente todos os tipos de projetos, o que evidencia as enormes possibilidades de obtenção de recursos.

Por sua vez, a Instrução Normativa n. 27, de 11 de julho de 2017, do Ministério das Cidades (Brasil, 2017a), regulamenta a reformulação do Programa Pró-Transporte, o qual tem por objetivo melhorar a mobilidade urbana. Essa melhoria diz respeito à acessibilidade universal, à qualidade de vida, ao acesso a serviços básicos bem como a equipamentos sociais nos grandes centros urbanos, o que somente pode ser alcançado com "investimentos em sistemas e outras infraestruturas de mobilidade urbana, compatíveis com as características locais e regionais, priorizando os modos de transporte público coletivo e os não motorizados" (Brasil, 2017a).

Além disso, esse programa é voltado ao financiamento tanto no setor público quanto no privado para projetos que busquem melhorias na mobilidade urbana, cujos recursos são oriundos do orçamento operacional anual e do orçamento plurianual do Fundo de Garantia do Tempo de Serviço (FGTS) vigentes.

Como agentes participantes do Programa Pró-Transporte, podemos citar: a) o gestor da aplicação – Ministério das Cidades; b) o agente operador do FGTS – Caixa Econômica Federal; c) os agentes financeiros – instituições financeiras e agências de fomento previamente habilitadas pelo agente operador; e d) os mutuários/tomadores de recursos – setor público e setor privado (Brasil, 2017a).

Os estados, os municípios, o Distrito Federal e os órgãos públicos gestores podem tomar recursos do **setor público**. Os órgãos públicos gestores correspondem a organizações públicas da administração direta ou indireta, e a eles compete a administração dos serviços de transporte público coletivo urbano ou de serviços associados à mobilidade urbana, no âmbito das respectivas atribuições definidas na legislação. Já entre aqueles que podem tomar recursos do **setor privado** estão: as concessionárias ou permissionárias; as empresas participantes de consórcios e sociedades de propósito específico que detenham a concessão ou a permissão do transporte público coletivo urbano ou de serviços associados; e empresas privadas que tenham projetos e/ou investimentos em mobilidade urbana pública, desde que autorizadas pelo poder público local (Brasil, 2017a).

Retomemos, de forma topicalizada, as modalidades nas quais os projetos podem ser financiados:

1. Sistemas de Transporte Público Coletivo;
2. Qualificação Viária;
3. Transporte Não Motorizado;
4. Estudos e Projetos;
5. Planos de Mobilidade Urbana;
6. Desenvolvimento Institucional.

Notemos que essas modalidades contemplam vários aspectos da mobilidade urbana, abrangendo desde sistemas de transporte público coletivo (modalidade 1) até desenvolvimento institucional (modalidade 6), alcançando, assim, projetos que objetivem melhorar a estrutura da instituição. A modalidade 1 indica os meios públicos de transporte coletivo disponíveis, como ônibus, metrôs, bondes e similares. Na modalidade 6, incluem-se projetos que visem otimizar a estrutura de determinada instituição, como modernizar um departamento de educação de trânsito ou de engenharia de trânsito.

Por fim, cabe observar que o processo de obtenção de recursos exige uma contrapartida do respectivo tomador, que deve ser de, no mínimo, 5% do valor do investimento, com uma carência de 48 meses e prazo máximo de amortização em 20 anos, exceto para o sistema de transporte sobre trilhos, cujo prazo máximo de amortização é de até 30 anos, e para aquisição de veículos, que depende da vida útil deles. Como vimos, existem muitas oportunidades de conseguir recursos para projetos de mobilidade urbana. Para tanto, basta formatar boas ideias e adotar os procedimentos necessários para a captação dos financiamentos.

Para saber mais

O MDR tem várias atribuições e oferece diversos recursos para obtenção de financiamento em projetos de mobilidade urbana. Para mais detalhes, consulte o endereço indicado a seguir:

BRASIL. Ministério do Desenvolvimento Regional. Disponível em: <https://www.gov.br/mdr/pt-br>. Acesso em: 28 set. 2020.

Consultando a legislação

- Instrução Normativa n. 27, de 11 de julho de 2017, que regulamenta a reformulação do Programa de Infraestrutura de Transporte e da Mobilidade Urbana –Pró-Transporte.
- Instrução Normativa n. 28, de 11 de julho de 2017, que estabelece o procedimento específico de enquadramento e seleção das propostas de operação de crédito no Programa Avançar Cidades – Mobilidade Urbana (Grupo 1), apresentadas no âmbito do Programa de Infraestrutura de Transporte e da Mobilidade Urbana (Pró-Transporte).

Síntese

Neste capítulo, examinamos a estrutura governamental no que diz respeito à mobilidade urbana nos níveis municipal, estadual e federal, com destaque para a Semob, subordinada ao MDR, que tem como finalidade formular e implementar políticas públicas de mobilidade urbana. Vimos ainda que, para a avaliação da PNMU, foram estabelecidos sete eixos temáticos: (1) qualidade do sistema de mobilidade urbana; (2) desenvolvimento urbano integrado; (3) sustentabilidade econômica e financeira; (4) gestão democrática e controle social; (5) acesso e equidade; (6) sustentabilidade ambiental; e (7) acidentes de transportes.

Nesse sentido, o governo federal, a fim de dar suporte aos diversos projetos, disponibiliza, por meio do Programa Avançar Cidades – Mobilidade Urbana, acesso a recursos para os entes federativos interessados. Isso contempla projetos dos mais diversos matizes, gerando, portanto, inúmeras oportunidades.

Questões para revisão

1. Sobre a estrutura governamental voltada à mobilidade urbana, assinale a alternativa correta:
    a. A Semob está subordinada ao Ministério das Cidades.
    b. No Brasil, todos os órgãos de mobilidade urbana (nos níveis federal, estadual e municipal) pertencem à administração direta.
    c. A Semob tem dois departamentos: o Departamento de Planejamento e Gestão e o Departamento de Mobilidade Urbana.

d. Cabe ao Departamento de Mobilidade Urbana, entre outras atribuições, formular e avaliar a PNMU bem como os instrumentos necessários à sua implementação.

e. O Ministério da Mobilidade Urbana exerce função primordial no desenvolvimento das cidades.

2. Ainda sobre a estrutura governamental e a mobilidade urbana, assinale a alternativa correta:

   a. 46 milhões de pessoas vivem nas 17 cidades com mais de um milhão de habitantes.

   b. Não há demanda por transporte público, pois a maioria dos deslocamentos é feita por automóvel particular.

   c. A infraestrutura de mobilidade urbana é superavitária.

   d. A tecnologia utilizada na mobilidade urbana é de última geração.

   e. O transporte público carece de poucas melhorias.

3. Sobre as fontes de financiamentos de projetos de mobilidade urbana, assinale a alternativa **incorreta**:

   a. O Programa Avançar Cidades – Mobilidade Urbana tem o objetivo de melhorar a circulação das pessoas nos ambientes urbanos, por intermédio do financiamento de ações de mobilidade urbana voltadas à qualificação viária, ao transporte público coletivo de caráter urbano, ao transporte não motorizado (transporte ativo) e à elaboração de planos de mobilidade urbana e de projetos executivos.

   b. O Programa Pró-Transporte tem por objetivo promover a melhoria da mobilidade urbana, da acessibilidade universal, da qualidade de vida e do acesso aos serviços básicos e aos equipamentos sociais nas cidades brasileiras, por meio de investimentos advindos de determinados sistemas.

c. O Programa Pró-Transporte está voltado ao financiamento dos setores público e privado para a implantação e a requalificação de sistemas e melhorias na mobilidade urbana das pessoas, contribuindo para a promoção do desenvolvimento urbano, econômico e social, bem como para a preservação do meio ambiente, de maneira a garantir o retorno dos financiamentos concedidos e conferir maior alcance social às aplicações do FGTS.

d. De acordo com o MDR, são participantes do Programa Pró-Transporte: a) o gestor da aplicação – Ministério das Cidades; b) o agente operador do FGTS – Caixa Econômica Federal; c) os agentes financeiros – instituições financeiras e agências de fomento previamente habilitadas pelo agente operador; e d) os mutuários/tomadores de recursos – setor público e setor privado.

e. Do setor público podem tomar recursos: Estados, municípios, Distrito Federal e órgãos públicos gestores.

4. Qual é a estrutura da Semob?

5. Cite, pelo menos, três modalidades de projeto de mobilidade urbana que podem ser financiadas.

Questões para reflexão

1. As novas tecnologias disruptivas (como os aplicativos voltados ao transporte) devem ser abordadas pelos gestores públicos de maneira completa, participativa e técnica – principalmente em nível local. Nesse sentido, antecedendo a 76ª Reunião da Frente Nacional de Prefeitos (FNP), realizada em Salvador (Bahia), entre os dias 8 e 11 de outubro de 2019, o tema da mobilidade urbana foi objeto de discussão na Câmara dos Deputados. Sobre o assunto, observe a seguir o trecho extraído de um artigo da FNP (2019):

Os efeitos do transporte por aplicativo no transporte público foram debatidos nesta quinta-feira, 3, durante audiência pública na Câmara dos Deputados. [...]

Para o presidente da Associação Nacional de Empresas de Transportes Urbanos (NTU), Otávio Vieira da Cunha Filho, é fundamental que se estabeleçam políticas para a priorização do transporte público urbano. "Só para se ter uma ideia, os congestionamentos cada vez maiores nas nossas cidades reduziram drasticamente a capacidade comercial. Hoje operamos com apenas 12 quilômetros por hora", declarou.

Durante a reunião, Cunha falou também sobre o "Construindo hoje o amanhã", um documento com propostas para o transporte público e a mobilidade urbana sustentável no Brasil. Elaboradas por meio de uma parceria da NTU com a FNP, a Associação Nacional de Transportes Públicos (ANTP) e o Fórum Nacional de Secretários e Dirigentes de Mobilidade Urbana, as estratégias apontadas na publicação foram lançadas durante a 75ª Reunião Geral da FNP, em Brasília/DF, em março deste ano.

Tendo isso em vista, analise a questão do transporte por aplicativos no contexto da mobilidade urbana.

2. Reflita sobre as mobilidades disponíveis para financiamento de projetos de mobilidade urbana, verificando se elas são suficientes, deficientes ou excessivas para as demandas que existem na atualidade.

✦ ✦ ✦

capítulo dois

Recursos para projetos de mobilidade urbana

Conteúdos do capítulo:

+ Trâmites para a obtenção de recursos.
+ Projetos de mobilidade urbana.

Após o estudo deste capítulo, você será capaz de:

1. discorrer sobre o trâmite, no Brasil, para a obtenção de recursos em projetos de mobilidade urbana;
2. entender quais são os tipos de projetos de mobilidade urbana que podem receber recursos do governo federal.

Neste capítulo, abordaremos os trâmites para a obtenção dos recursos no que diz respeito às normas atualmente vigentes, as quais estabelecem os critérios, os mecanismos e as condições de participação, de acordo com a legalidade, a transparência e a imparcialidade. Analisaremos também, de maneira detalhada, os tipos de projetos que podem ser contemplados com os recursos federais.

2.1 Trâmites para obtenção de recursos

Preliminarmente, é necessário considerar a Lei Federal n. 12.587, de 3 de janeiro de 2012 (Brasil, 2012a), que instituiu as diretrizes da Política Nacional de Mobilidade Urbana (PNMU). Segundo a legislação,

> Art. 1º A Política Nacional de Mobilidade Urbana é instrumento da política de desenvolvimento urbano de que tratam o inciso XX do art. 21 e o art. 182 da Constituição Federal, objetivando a integração entre os diferentes modos de transporte e a melhoria da acessibilidade e mobilidade das pessoas e cargas no território do Município. (Brasil, 2012a)

A PNMU objetiva contribuir para o acesso universal à cidade, o fomento e a concretização de condições que colaborem para a efetivação dos princípios, dos objetivos e das diretrizes da política de desenvolvimento urbano, por meio do planejamento e da gestão democrática do Sistema Nacional de Mobilidade Urbana. Assim, a mesma norma que criou a PNMU também instituiu o Sistema Nacional de Mobilidade Urbana, que é definido como "o conjunto organizado e coordenado dos modos de transporte, de serviços e de infraestruturas que garante os deslocamentos de pessoas e cargas no território do Município" (Brasil, 2012a).

Outro aspecto muito importante a ser considerado é a classificação dos modos e dos serviços de transporte urbano:

> Art. 3º [...]
> § 1º São modos de transporte urbano:
> I – motorizados; e
> II – não motorizados.
> § 2º Os serviços de transporte urbano são classificados:
> I – quanto ao objeto:
> a) de passageiros;
> b) de cargas;
> II – quanto à característica do serviço:
> a) coletivo;
> b) individual;
> III – quanto à natureza do serviço:
> a) público;
> b) privado. (Brasil, 2012a)

De maneira geral, os modos de transporte não motorizados são aqueles em que é utilizada a propulsão humana, como bicicletas – além, por óbvio, dos pedestres. No que diz respeito ao objeto, são considerados veículos de cargas aqueles destinados ao transporte de mercadorias e produtos, enquanto os de passageiros correspondem àqueles destinados ao transporte de pessoas.

Ainda de acordo com a Lei n. 12.587/2012, podem ser considerados como infraestruturas de mobilidade urbana as vias e demais logradouros públicos – inclusive metroferrovias, hidrovias e ciclovias –, estacionamentos, terminais, estações e demais conexões, pontos para embarque e desembarque de passageiros e cargas, sinalização viária e de trânsito, equipamentos e instalações, bem como instrumentos de controle, fiscalização, arrecadação de taxas e tarifas e difusão de informações. Observemos que praticamente tudo inclui a infraestrutura de mobilidade urbana, desde as vias (metroferrovias, hidrovias e ciclovias) até os equipamentos de fiscalização, como os radares.

Qualquer política nacional deve estar fundamentada em princípios, uma vez que eles orientam as diretrizes a serem estabelecidas e informam as medidas bem como os eixos temáticos e os respectivos indicadores. Nessa linha, conforme o art. 5º. da Lei n. 12.587/2012, a PNMU está fundamentada nestes princípios:

> I – acessibilidade universal;
> II – desenvolvimento sustentável das cidades, nas dimensões socioeconômicas e ambientais;
> III – equidade no acesso dos cidadãos ao transporte público coletivo;
> IV – eficiência, eficácia e efetividade na prestação dos serviços de transporte urbano;
> V – gestão democrática e controle social do planejamento e avaliação da Política Nacional de Mobilidade Urbana;
> VI – segurança nos deslocamentos das pessoas;
> VII – justa distribuição dos benefícios e ônus decorrentes do uso dos diferentes modos e serviços;
> VIII – equidade no uso do espaço público de circulação, vias e logradouros; e
> IX – eficiência, eficácia e efetividade na circulação urbana.
> (Brasil, 2012a)

Todos esses princípios são importantes. Todavia, alguns deles merecem maior destaque. Primeiramente, a **acessibilidade universal** indica a necessidade de os equipamentos de mobilidade urbana (integrantes da respectiva infraestrutura) serem acessíveis a todos os usuários, sejam pessoas com deficiência ou não.

Sobre esse tema, Barbosa (2016) esclarece que, de maneira geral, as pessoas ainda enxergam a mobilidade urbana como um elemento deficiente, carente de condições estratégicas de inclusão social. Contudo, para que essa integração possa se concretizar, "são necessárias mudanças por meio da identificação das dificuldades de mobilidade que [as cidades] enfrentam e da reivindicação de estratégias de acessibilidade que propiciarão o efetivo reconhecimento por todas as esferas do poder público da necessidade de reurbanizar as cidades" (Barbosa, 2016, p. 153).

A adoção de medidas efetivas de inclusão para a mobilidade urbana é urgente no Brasil. Existem algumas iniciativas interessantes, como o programa Trânsito para Todos, da Prefeitura de Curitiba, que se destina a promover a educação de trânsito de inclusão, contemplando projetos voltados para cada tipo de deficiência e um destinado a pessoas sem deficiência.

Além da acessibilidade universal, o segundo princípio a ser destacado é a **segurança** nos deslocamentos das pessoas, que está diretamente relacionada tanto com as ações adotadas pelo Poder Público quanto com a conduta individual de cada cidadão.

A segurança nos deslocamentos é de responsabilidade de cada usuário, que não deve adotar condutas negligentes ou imprudentes – como consumir bebidas alcoólicas e dirigir, utilizar telefone celular ao volante, não usar o cinto de segurança, não usar dispositivos de retenção adequados para as crianças, exceder a velocidade, entre outras ações.

Outro aspecto relevante enfocado pela Lei n. 12.587/2012 são as diretrizes da PNMU, as quais oferecem um direcionamento para as respectivas medidas a serem adotadas. Vejamos a designação de cada diretriz:

I – integração com a política de desenvolvimento urbano e respectivas políticas setoriais de habitação, saneamento básico, planejamento e gestão do uso do solo no âmbito dos entes federativos;
II – prioridade dos modos de transportes não motorizados sobre os motorizados e dos serviços de transporte público coletivo sobre o transporte individual motorizado;
III – integração entre os modos e serviços de transporte urbano;
IV – mitigação dos custos ambientais, sociais e econômicos dos deslocamentos de pessoas e cargas na cidade;
V – incentivo ao desenvolvimento científico-tecnológico e ao uso de energias renováveis e menos poluentes;
VI – priorização de projetos de transporte público coletivo estruturadores do território e indutores do desenvolvimento urbano integrado; e
VII – integração entre as cidades gêmeas localizadas na faixa de fronteira com outros países sobre a linha divisória internacional.
VIII – garantia de sustentabilidade econômica das redes de transporte público coletivo de passageiros, de modo a preservar a continuidade, a universalidade e a modicidade tarifária do serviço. (Brasil, 2012a)

Podemos perceber, portanto, que a mobilidade urbana precisa estar integrada com outras áreas estatais, como a habitação e o saneamento básico. Essa necessidade decorre do fato de essas áreas também interferirem no deslocamento das pessoas, dos veículos e dos animais no espaço urbano.

Cabe ressaltar, ainda, a diretriz que prioriza o transporte não motorizado sobre o motorizado e o público sobre o individual, visto que o transporte motorizado individual deve ser, no médio e longo prazos, desestimulado e até, quem sabe, totalmente descartado. No plano das ideias, isso pode parecer uma utopia, mas a experiência na cidade de Vancouver, no Canadá, demonstra que estabelecer políticas públicas sérias é possível. Lá se pretende, até 2020, fazer com que 50% dos deslocamentos urbanos sejam realizados a pé, de bicicleta ou em transporte público (Gaete, 2017).

Para saber mais

Caso queira saber mais sobre as metas para o desenvolvimento sustentável em Vancouver, sugerimos a leitura do artigo *Como Vancouver se tornou uma cidade multimodal*, de Constanza Martínez Gaete (2017).

GAETE, C. M. Como Vancouver se tornou uma cidade multimodal. 1 abr. 2017. **ArchDaily**. Disponível em: <https://www.archdaily.com.br/br/868067/como-vancouver-se-tornou-uma-cidade-multimodal>. Acesso em: 28 set. 2020.

Não se pode olvidar que os objetivos da PNMU giram em torno de: reduzir as desigualdades; promover a inclusão social; garantir o acesso aos serviços básicos e aos equipamentos sociais; proporcionar melhoria nas condições urbanas da população no que se refere à acessibilidade e à mobilidade; promover o desenvolvimento sustentável, com vistas à mitigação de custos ambientais e socioeconômicos dos deslocamentos de pessoas e cargas nas cidades; e consolidar a gestão democrática como instrumento e garantia da construção contínua do aprimoramento da mobilidade urbana. De maneira geral, a PNMU objetiva melhorar a qualidade de vida da sociedade, por meio do desenvolvimento sustentável, com a participação ativa das pessoas no processo de tomada de decisões. Portanto, e sob esse enfoque, estabelece as políticas a serem implementadas.

Nessa perspectiva, é relevante apresentar os direitos dos usuários do Sistema Nacional de Mobilidade Urbana. De acordo com o texto da Lei n. 12.587/2012, os direitos correspondem a:

> I – receber o serviço adequado [...];
> II – participar do planejamento, da fiscalização e da avaliação da política local de mobilidade urbana;
> III – ser informado nos pontos de embarque e desembarque de passageiros, de forma gratuita e acessível, sobre itinerários, horários, tarifas dos serviços e modos de interação com outros modais; e
> IV – ter ambiente seguro e acessível para a utilização do Sistema Nacional de Mobilidade Urbana [...].
> Parágrafo único. Os usuários dos serviços terão o direito de ser informados, em linguagem acessível e de fácil compreensão, sobre:
> I – seus direitos e responsabilidades;
> II – os direitos e obrigações dos operadores dos serviços; e
> III – os padrões preestabelecidos de qualidade e quantidade dos serviços ofertados, bem como os meios para reclamações e respectivos prazos de resposta. (Brasil, 2012a)

Um dos direitos mais importantes é, com certeza, a participação nos processos decisórios sobre a mobilidade urbana. Os instrumentos que asseguram essa participação são os órgãos colegiados, integrados por representantes do Poder Executivo, da sociedade civil e dos operadores dos serviços. Outros instrumentos também são as ouvidorias nas instituições responsáveis pela gestão do Sistema Nacional de Mobilidade Urbana ou nos órgãos com atribuições análogas, bem como as audiências e consultas públicas e, ainda, os procedimentos sistemáticos de comunicação, de avaliação da satisfação dos cidadãos e dos usuários e de prestação de contas públicas (Brasil, 2012a). Portanto, tais instrumentos permitem a efetividade da participação popular de maneira a contribuir para uma mobilidade urbana cada vez mais inclusiva, acessível e segura.

Compreendidos os aspectos da PNMU, é necessário observar os procedimentos e o roteiro a fim de obter os recursos para o desenvolvimento e a execução de projetos de mobilidade urbana. A elaboração da PNMU (para os municípios com população superior a 20 mil habitantes) é fundamental para o recebimento de recursos orçamentários federais. Conforme a Lei n. 12.587/2012, a União, os estados, o Distrito Federal e os municípios têm atribuições bem claras. Vejamos:

> Art. 16. São atribuições da União:
> I – prestar assistência técnica e financeira aos Estados, Distrito Federal e Municípios, nos termos desta Lei;
> II – contribuir para a capacitação continuada de pessoas e para o desenvolvimento das instituições vinculadas à Política Nacional de Mobilidade Urbana nos Estados, Municípios e Distrito Federal, nos termos desta Lei;
> III – organizar e disponibilizar informações sobre o Sistema Nacional de Mobilidade Urbana e a qualidade e produtividade dos serviços de transporte público coletivo;
> IV – fomentar a implantação de projetos de transporte público coletivo de grande e média capacidade nas aglomerações urbanas e nas regiões metropolitanas;
> V – (VETADO)
> VI – fomentar o desenvolvimento tecnológico e científico visando ao atendimento dos princípios e diretrizes desta Lei; e

VII – prestar, diretamente ou por delegação ou gestão associada, os serviços de transporte público interestadual de caráter urbano.
[...].
Art. 17. São atribuições dos Estados:
I – prestar, diretamente ou por delegação ou gestão associada, os serviços de transporte público coletivo intermunicipais de caráter urbano [...];
II – propor política tributária específica e de incentivos para a implantação da Política Nacional de Mobilidade Urbana; e
III – garantir o apoio e promover a integração dos serviços nas áreas que ultrapassem os limites de um Município [...].
[...]
Art. 18. São atribuições dos Municípios:
I – planejar, executar e avaliar a política de mobilidade urbana, bem como promover a regulamentação dos serviços de transporte urbano;
II – prestar, direta, indiretamente ou por gestão associada, os serviços de transporte público coletivo urbano, que têm caráter essencial;
III – capacitar pessoas e desenvolver as instituições vinculadas à política de mobilidade urbana do Município.
(Brasil, 2012a)

Logo, cabe à União prestar assistência técnica e financeira. Efetivamente isso está sendo feito, uma vez que no sítio do Ministério do Desenvolvimento Regional (MDR) podem ser encontradas todas as informações necessárias, como cartilhas, quadros sinóticos, esboços de planos de mobilidade urbana, entre outros recursos, que possam facilitar a pesquisa e a adoção das medidas requeridas. É importante ressaltar que os municípios precisam preocupar-se em elaborar o plano de mobilidade urbana – sendo obrigatório para aqueles com mais de 20 mil habitantes.

O processo de captação de recursos para o desenvolvimento e a execução de projetos de mobilidade urbana deve obedecer aos procedimentos previstos nas normas descritas a seguir (o exemplo é para municípios integrantes do Grupo 2, com população superior a 250 mil habitantes):

- Instrução Normativa n. 27, de 11 de julho de 2017 – Regulamenta a reformulação do Programa de Infraestrutura de Transporte e da Mobilidade Urbana – Pró-Transporte (Brasil, 2017a);
- Instrução Normativa n. 16, de 10 de julho de 2018 – Estabelece procedimento específico de enquadramento e seleção das propostas de operação de crédito no Programa Avançar Cidades – Mobilidade Urbana (Grupo 2), apresentadas no âmbito do Programa de Infraestrutura de Transporte e da Mobilidade Urbana (Pró-Transporte) (Brasil, 2018b);
- Instrução Normativa n. 31, de 4 de dezembro de 2018 – Altera a Instrução Normativa n. 16, de 10 de julho de 2018, que estabelece procedimento específico de enquadramento e seleção das propostas de operação de crédito no Programa Avançar Cidades – Mobilidade Urbana (Grupo 2), apresentadas no âmbito do Programa de Infraestrutura de Transporte e da Mobilidade Urbana – Pró-Transporte (Brasil, 2018c).

Pela leitura da Instrução Normativa n. 16/2018, podemos verificar quais são os valores mínimo e máximo de financiamento das propostas de projetos de mobilidade urbana.

Tabela 2.1 – *Limites mínimo e máximo das propostas*

Faixa de municípios (mil hab.)*	Valor mínimo por proposta	Valor máximo do somatório das propostas
Acima de 250 até 500	R$ 5 milhões	R$ 50 milhões
Acima de 500 até 1000	R$ 5 milhões	R$ 100 milhões
Acima de 1 000	R$ 5 milhões	R$ 200 milhões

Fonte: IBGE, 2016 citado por Brasil, 2018b.

Quanto aos recursos, eles estão disponíveis nas modalidades indicadas a seguir (aqui elas não serão totalmente detalhadas):

4.1.1 Modalidade 1 – Sistemas de transporte público: Implantação, ampliação, modernização e/ou adequação de infraestrutura de transporte público urbano por ônibus e aquaviário.

4.1.1.1 Obras civis, equipamentos e sistemas necessários à implantação, ampliação, modernização e/ou adequação de projetos relativos ao transporte público coletivo urbano de passageiros por ônibus [...].

4.1.1.2 Obras e serviços complementares necessários à implantação, ampliação, modernização e/ou adequação de projetos relativos ao transporte público coletivo urbano por ônibus, desde que vinculados aos projetos apresentados nos itens 4.1.1.1 e limitados a 40% do valor de investimento (VI) proposto na modalidade 1 [...].

4.1.2 Modalidade 3 – Transporte não motorizado: infraestrutura urbana destinada à implantação ou adequação dos modos de transporte não motorizados, descritas a seguir:

> 4.1.2.1 Obras civis, equipamentos e sistemas necessários à implantação, ampliação, modernização e/ou adequação do transporte não motorizado [...].
> 4.1.3 **Modalidade 4 – Estudos e Projetos**: destina-se à elaboração de projetos executivos e de estudos de mobilidade urbana, de forma isolada, descritas a seguir:
> 4.1.3.1 Projeto executivo;
> 4.1.3.2 Estudos para implantação e concepção de empreendimentos de mobilidade urbana [...].
> 4.1.4 **Modalidade 5 – Planos de Mobilidade Urbana**: elaboração de Plano de Mobilidade Urbana e seus respectivos estudos, inclusive diagnósticos. (Brasil, 2018b, grifo do original)

Há, portanto, grandes possibilidades de obtenção de recursos orçamentários federais para a execução de projetos de mobilidade urbana. Contudo, é preciso ressaltar que tem havido diminuição dos repasses por problemas na estruturação e implantação dos projetos, conforme revelam os números mostrados na Figura 2.1.

Figura 2.1 – *Projetos não contratados no período estabelecido*

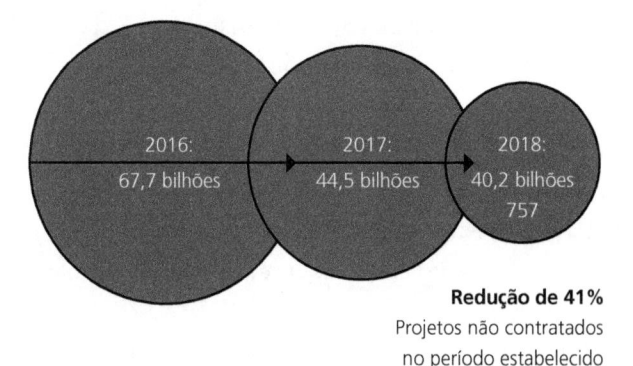

2016: 67,7 bilhões → 2017: 44,5 bilhões → 2018: 40,2 bilhões 757

Redução de 41%
Projetos não contratados
no período estabelecido

Fonte: Brasil, 2019e.

Entre os problemas que levam a essa queda, podemos elencar os seguintes:

- Seleções de Projetos com calendário;
- Baixa capacidade técnica e institucional do ente local;
- Falta de Planejamento – inexistência de Plano de Mobilidade Urbana;
- Baixa qualidade dos projetos;
- Estruturação do projeto de forma inadequada – sem considerar a operação do empreendimento;
- Recursos escassos para investimentos em mobilidade urbana por parte dos estados e municípios;
- Estimativa de custo inicial deficiente;
- Demora entre a seleção, a definição dos projetos e a sua efetiva execução: reajustes de preços;
- Demora nas desapropriações/desocupações;
- Dificuldade na obtenção das licenças ambientais.

(Brasil, 2019e)

Cabe, agora, considerar os procedimentos envolvidos para a seleção de projetos. A título de ilustração, para o Grupo 1, o processo de seleção deve obedecer às seguintes disposições, de acordo com a Instrução Normativa n. 28, de 11 de julho de 2017:

> 5.1. Etapas do Processo Seletivo
> [...]
> a) Cadastramento de propostas pelos municípios;
> b) Enquadramento prévio das propostas pelos Agentes Financeiros;
> c) Divulgação de propostas pré-selecionadas pelo Ministério das Cidades;
> d) Encaminhamento de documentação para análise de risco pelos proponentes aos Agentes Financeiros;

> e) Encaminhamento de documentação para análise de engenharia pelos proponentes aos Agentes Financeiros;
> f) Validação das propostas pelos Agentes Financeiros; e
> g) Divulgação da seleção final pelo Ministério das Cidades.
> [...]
> 5.3. Critérios para seleção
> [...]
> a) Compatibilidade do projeto técnico apresentado com a proposta pré-selecionada pelo Gestor da Aplicação;
> b) Compatibilidade do projeto técnico apresentado com as ações financiáveis [...];
> c) Requisitos de viabilidade financeira;
> d) Requisitos de viabilidade técnica;
> e) Requisitos de viabilidade jurídica e institucional;
> f) Funcionalidade das obras e serviços, para proporcionar benefícios imediatos à população ao final da implantação do empreendimento;
> g) Apresentação [do] licenciamento ambiental ou de sua dispensa, quando aplicável;
> h) Titularidade ou comprovação de domínio público da área da proposta. (Brasil, 2017b)

No Grupo 2, o trâmite previsto para a obtenção dos recursos orçamentários federais é bastante similar, nos termos da Instrução Normativa n. 16, de 10 de julho de 2018:

> 5.1 Etapas do Processo Seletivo
> [...]
> a) Cadastramento de propostas pelos Mutuários;
> b) Análise das propostas pelo Gestor da Aplicação para enquadramento;

c) Divulgação das propostas enquadradas pelo Gestor da Aplicação;
d) Encaminhamento de documentação para análise de risco pelos proponentes ao Agente Financeiro;
e) Encaminhamento de documentação para análise de engenharia pelos proponentes ao Agente Financeiro;
f) Validação das propostas pelo Agente Financeiro; e
g) Divulgação da seleção pelo Gestor da Aplicação.
(Brasil, 2018b)

Vale ressaltar que os critérios para seleção no Grupo 2 são similares aos do Grupo 1. Dessa maneira, os municípios podem captar significativa quantidade de recursos orçamentários federais, desde que elaborem projetos de mobilidade urbana sustentáveis.

Conhecidos os possíveis caminhos para a captação de recursos, agora é necessário analisar quais são os projetos que podem ser contemplados.

2.2 *Projetos de mobilidade urbana*

A Secretaria Nacional de Mobilidade Urbana (Semob) provê, em lei, apoio aos municípios para a elaboração de planos de mobilidade urbana.

> A Lei nº 12.587/12 determina a obrigatoriedade de elaboração do Plano de Mobilidade Urbana para os municípios com população acima de 20 mil habitantes e para os demais obrigados a elaborar o Plano Diretor, conforme estabelecido pelo Estatuto da Cidade.
> [...]

Desta forma, visando prestar assistência técnica específica para os municípios com até 100 mil habitantes, foi desenvolvido o Programa de Apoio à Elaboração de Planos de Mobilidade Urbana. Cabe destacar que a iniciativa de simplificar a elaboração de planos de mobilidade urbana abrange aproximadamente 87% do total de cidades com esta obrigação legal. (Brasil, 2019d)

Podemos notar, portanto, que o governo federal presta a assistência necessária no que concerne à elaboração do plano de mobilidade urbana. Esse sistema, elaborado pela Semob em cooperação com o "Governo Alemão para o Desenvolvimento Sustentável, por meio da GIZ (Deutsche Gesellschaft fuer Internationale Zusammenarbeit), no âmbito do Projeto Eficiência Energética na Mobilidade Urbana" (Brasil, 2019d), objetiva auxiliar os gestores municipais na elaboração da minuta do plano de mobilidade urbana em cidades que tenham até 100 mil habitantes. A importância dessa prática está em "compatibilizar a realidade das prefeituras municipais com a capacidade de apoio do Governo Federal para a elaboração dos Planos de Mobilidade" (Brasil, 2019d)

Tais medidas auxiliam os governos municipais inclusive no que diz respeito aos gastos de recursos na contratação de consultorias especializadas. Claro que o planejamento urbano deve estar alinhado com os objetivos da PNMU, priorizando o transporte não motorizado e, quanto ao motorizado, dando preferência ao transporte público.

Outro aspecto importante é a sugestão de o plano de mobilidade ser aprovado por meio de uma lei municipal, visando-se garantir, com isso, sua execução e evitar possível interrupção por mudanças políticas na gestão. Cabe ressaltar que, de acordo com a Lei Federal n. 13.683, de 19 de junho de 2018, os municípios que não tenham elaborado o plano de mobilidade até abril de 2019 ficam impedidos de acessar recursos orçamentários federais destinados à mobilidade urbana até atenderem à exigência legal (Brasil, 2018a). De forma geral, existem muitos instrumentos de auxílio à disposição dos municípios, sendo preciso aliar a eles uma boa dose de vontade estratégica, esforço e dedicação.

Apenas a título de exemplificação, observemos alguns tipos de projetos para os quais podem ser captados recursos orçamentários federais. Quanto ao sistema de transporte público (modalidade 1), no que diz respeito às obras civis, aos equipamentos e aos sistemas a serem implementados, ampliados, modernizados e/ou adequados, destacamos:

> a) Infraestrutura de transporte público coletivo urbano por ônibus com exclusividade de circulação no espaço viário (vias exclusivas e/ou faixas exclusivas);
> b) Abrigos e/ou estações para passageiros de transporte de caráter urbano;
> c) Terminais de passageiros de transporte de caráter urbano;
> d) Pavimentação de vias que façam parte de itinerário de transporte coletivo de caráter urbano;
> [...]
> f) Obras de arte especiais, inclusive passarelas e passagens subterrâneas de pedestres e ciclistas, desde que vinculada a infraestrutura do eixo de transporte existente ou proposto;
> g) Centros de controle operacional (CCO). (Brasil, 2018b)

Quanto às obras e serviços complementares, ainda com relação ao transporte público, os seguintes tipos de projetos podem captar recurso orçamentário federal, entre outros: (a) instalações operacionais de apoio ao transporte público coletivo urbano, como garagens e pátios; (b) iluminação pública; (c) arborização; e (d) paisagismo (Brasil, 2018b). No mesmo âmbito dos serviços e obras complementares, a lei distingue o "tratamento urbanístico no entorno de terminais, estações e pontos de parada, incluindo iluminação pública, arborização, paisagismo, mobiliário urbano, paraciclos, bicicletários e infraestrutura para integração com demais modos de transporte" (Brasil, 2018c).

Quanto ao transporte não motorizado (modalidade 3), estão contemplados, entre outros, os seguintes projetos: (a) vias para pedestres com acessibilidade (calçadas, calçadões, passeios); (b) ciclovias e ciclofaixas (Brasil, 2018b). Por fim, no que concerne aos estudos e projetos (modalidade 4) para implantação e concepção de empreendimentos de mobilidade urbana, são considerados: (a) os estudos de demanda de passageiros; (b) o plano operacional de transporte; (c) os estudos de tráfego, entre outros (Brasil, 2018b).

Portanto, é fácil perceber que há uma infinidade de projetos aptos a receberem aportes financeiros, desde arborização, iluminação, ciclovias e ciclofaixas, execução de obras e até mesmo realização de estudos diversos, o que enseja a atuação proativa dos governos municipais. Assim, existem muitas oportunidades para angariar recursos voltados a projetos de mobilidade urbana, desde que sejam adotados os procedimentos necessários para captação dos financiamentos.

Para saber mais

A fim de conhecer melhor a apresentação de um projeto de mobilidade urbana em uma audiência pública da Comissão Especial da Câmara dos Deputados, consulte o seguinte conteúdo:

BRASIL. Ministério do Desenvolvimento Regional. Secretaria Nacional de Mobilidade e Serviços Urbanos. **Mobilidade urbana**. Disponível em: <https://www2.camara.leg.br/atividade-legislativa/comissoes/comissoes-temporarias/especiais/56a-legislatura/pl-488112-politica-de-mobilidade-urbana/documentos/audiencias-publicas/RicardoCaiadoAlvarenga.pdf>. Acesso em: 28 set. 2020.

Consultando a legislação

- Instrução Normativa n. 16, de 10 de julho de 2018, responsável por estabelecer o procedimento específico de enquadramento e seleção das propostas de operação de crédito no Programa Avançar Cidades – Mobilidade Urbana (Grupo 2), apresentadas no âmbito do Programa de Infraestrutura de Transporte e da Mobilidade Urbana (Pró-Transporte).
- Instrução Normativa n. 28, de 11 de julho de 2017, que estabelece o procedimento específico de enquadramento e seleção das propostas deo peração de crédito no Programa Avançar Cidades – Mobilidade Urbana (Grupo 1), apresentadas no âmbito do Programa de Infraestrutura de Transporte e da Mobilidade Urbana (Pró-Transporte).

- Instrução Normativa n. 31, de 4 de dezembro de 2018, que altera a Instrução Normativa n. 16, de 10 de julho de 2018, e estabelece o procedimento específico de enquadramento e seleção das propostas de operação de crédito no Programa Avançar Cidades – Mobilidade Urbana (Grupo 2), apresentadas no âmbito do Programa de Infraestrutura de Transporte e da Mobilidade Urbana – Pró-Transporte.
- Lei Federal n. 12.587, de 3 de janeiro de 2012, que institui as diretrizes da Política Nacional de Mobilidade Urbana.
- Lei Federal n. 13.683, de 19 de junho de 2018, que institui as diretrizes da Política Nacional de Mobilidade Urbana.

Síntese

Neste capítulo, vimos que a Lei Federal n. 12.587/2012, além de instituir as diretrizes da PNMU, dispôs sobre os princípios e conceitos da política de desenvolvimento urbano e criou o Sistema Nacional de Mobilidade Urbana, tendo como objetivo o acesso universal à cidade.

Nesse sentido, observamos que, visando garantir a execução de projetos voltados à melhoria da mobilidade urbana nos diversos entes federativos, o governo federal desenvolveu programas cujo objetivo é facilitar a captação de recursos. Por isso, elencamos os critérios e as condições estabelecidos por regulamentos específicos.

Conforme buscamos esclarecer, existem muitas oportunidades de angariar recursos para projetos de mobilidade urbana. Para tanto, basta ter boas ideias e formatá-las de acordo com os procedimentos necessários para a captação dos financiamentos.

Questões para revisão

1. Sobre os trâmites para a obtenção de recursos, assinale a alternativa correta:

    a. A elaboração do plano de mobilidade urbana (considerando-se municípios com população acima de 20 mil habitantes) é fundamental para o recebimento de recursos orçamentários federais.

    b. De acordo com a Instrução Normativa n. 16/2018, para municípios com população entre 250 mil e 500 mil habitantes, o valor máximo do somatório das propostas é de R$ 100 milhões.

    c. Entre as modalidades específicas para a obtenção de recursos, verifica-se que fazem parte da modalidade 1 as obras civis, os equipamentos e os sistemas necessários à implantação, à ampliação, à modernização e/ou à adequação do transporte não motorizado.

    d. Não há grandes possibilidades de obtenção de recursos orçamentários federais para a execução de projetos de mobilidade urbana.

    e. A elaboração do plano de mobilidade urbana (considerando-se municípios com população acima de 20 mil habitantes) é facultativa para o recebimento de recursos orçamentários federais.

2. Sobre projetos de mobilidade urbana, assinale a alternativa **incorreta**:

    a. A Semob provê apoio aos municípios para a elaboração de planos de mobilidade urbana.

    b. Competem aos estados a elaboração, a execução e a avaliação dos planos de mobilidade dos municípios em seu território.

c. O principal instrumento desenvolvido pela União para apoiar a elaboração dos planos municipais mostrou-se altamente complexo, recorrendo a soluções sofisticadas, principalmente no que diz respeito às médias e grandes cidades. No entanto, considerando-se os municípios com menor estrutura de gestão, houve dificuldades para a aplicação de algumas soluções e informações apresentadas no instrumento.

d. Apesar da não obrigatoriedade, recomenda-se que a instituição aprove o plano de mobilidade urbana sob a forma de lei municipal, visando à garantia de sua execução e evitando, assim, sua descontinuidade em decorrência de sucessões políticas.

e. O governo federal presta a assistência necessária para a elaboração do plano de mobilidade urbana.

3. Assinale a alternativa que apresenta tipos de projetos de mobilidade urbana que **não** permitem a captação de recursos:

a. Infraestrutura de transporte público coletivo urbano por ônibus com exclusividade de circulação no espaço viário (vias exclusivas e/ou faixas exclusivas).

b. Abrigos e/ou estações para passageiros de transporte de caráter urbano.

c. Terminais de passageiros de transporte de caráter urbano.

d. Pavimentação de vias que façam parte do itinerário de transporte coletivo de caráter urbano.

e. Reforma de hospitais para melhorar o atendimento de vítimas de acidentes.

4. Cite as etapas do processo para a seleção de propostas de mobilidade urbana que integrem o Grupo 1.

5. Mencione três tipos de projetos para os quais podem ser captados recursos orçamentários federais.

Questões para reflexão

1. Os recursos disponíveis para projetos voltados à mobilidade urbana são bastante significativos. Por meio de um processo seletivo transparente, muitas cidades estão melhorando sua estrutura de mobilidade. Nesse sentido, leia a notícia a seguir, publicada no portal do MDR.

> O Ministério do Desenvolvimento Regional (MDR) divulgou, nesta quarta-feira (20) [de fevereiro de 2019], a primeira lista do ano com os projetos pré-selecionados para participar do Programa Avançar Cidades – Mobilidade Urbana. Foram contemplados 21 municípios e propostas, para investimentos de aproximadamente R$ 119 milhões. Essa é a 13ª lista do programa que, até o momento, já pré-selecionou 870 propostas que somam aproximadamente R$ 5,8 bilhões para financiar obras de mobilidade urbana em todo o Brasil.
>
> Os recursos serão destinados a obras de pavimentação de vias urbanas, implantação de abrigos para sistemas de transporte público coletivo, calçadas com acessibilidade, ciclovias, ciclofaixas, paraciclos e bicicletários, sinalização viária, iluminação, drenagem, arborização e paisagismo, pontes com calçadas acessíveis, bem como a elaboração de estudos, projetos e planos de mobilidade urbana. (Brasil, 2019a)

Dessa maneira, analise a quantidade de projetos selecionados em relação aos recursos disponíveis.

2. Discuta quais são as variáveis que interferem na seleção final de poucos projetos de mobilidade urbana por ano no Brasil.

✦ ✦ ✦

capítulo três

*Modais
de mobilidade
urbana*

Conteúdos do capítulo:

+ Noções gerais sobre os modais de mobilidade urbana.
+ Veículos não motorizados – bicicleta e patinetes – e pedestres.
+ Veículos automotores.
+ Transportes públicos.

Após o estudo deste capítulo, você será capaz de:

1. expor os aspectos gerais dos modais;
2. discorrer sobre os veículos não motorizados – bicicletas e patinetes – e pedestres;
3. conjecturar a respeito dos veículos automotores;
4. analisar as situações concernentes aos transportes públicos.

Neste capítulo, apresentaremos noções gerais sobre os modais de mobilidade urbana existentes nas sociedades modernas. Também mostraremos como os pedestres são os elementos mais frágeis e vulneráveis do sistema, seguidos pelos ciclistas e mesmo pelos usuários de patinetes, os quais têm sido muito utilizados recentemente. Analisaremos, ainda, o uso dos veículos automotores, abordando, por fim, o transporte público, que se apresenta como o maior desafio da atualidade.

3.1 Noções gerais sobre modais de mobilidade urbana

Antes de tratarmos dos projetos de mobilidade urbana, é importante que sejam feitas algumas considerações sobre os modais. Primeiramente, cabe observar que, em um país predominantemente urbano, como o Brasil, cerca de 80% da população mora em cidades. O processo de urbanização, caracterizado pelo crescimento periférico, acarreta problemas como: (a) déficit habitacional quantitativo e qualitativo; (b) falta de acesso ao saneamento; e (c) altos níveis de poluição, congestionamentos e acidentes de trânsito. Em contrapartida, a cidade oferece trabalho, comércio, estudo, lazer e saúde (Brasil, 2012b).

Assim, a mobilidade urbana tem relação direta com as formas pelas quais as pessoas podem se deslocar nos ambientes urbanos. Para o professor Rodolfo Pena (2013), a **mobilidade urbana** diz respeito ao espaço geográfico das cidades e refere-se, sobretudo, às condições de deslocamento da população nesse ambiente. Segundo o autor, "o termo é geralmente empregado para referir-se ao trânsito de veículos e também de pedestres, seja através do transporte individual (carros, motos etc.), seja através do uso de transportes coletivos (ônibus, metrôs etc.)" (Pena, 2013).

Portanto, de modo geral, existem duas divisões dos modais de mobilidade urbana: **motorizados** (automóveis, motocicletas, ônibus, metrôs, patinete motorizado, entre outros) e **não motorizados** (a pé, bicicleta, patinete não motorizado, entre outros).

Segundo a Associação Nacional de Transportes Públicos (ANTP, 2018), em 2016, as viagens realizadas pela população dos municípios que integram o universo do Sistema de Informações da Mobilidade Urbana – Simob/ANTP somam 65,3 bilhões, o que corresponde a 218 milhões de viagens por dia. De acordo com a ANTP (2018, p. 7), "as viagens a pé e em bicicleta foram a maioria (28,0 bilhões), seguidas pelo transporte individual motorizado – autos e motocicletas (19,0 bilhões) e pelo transporte coletivo (18,3 bilhões)", conforme demonstrado no Gráfico 3.1.

Gráfico 3.1 – Viagens anuais por modo principal realizadas em 2016

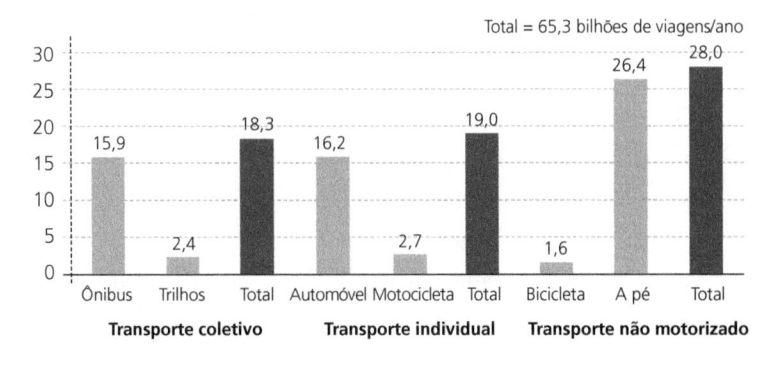

Total = 65,3 bilhões de viagens/ano

Transporte coletivo			Transporte individual			Transporte não motorizado		
Ônibus	Trilhos	Total	Automóvel	Motocicleta	Total	Bicicleta	A pé	Total
15,9	2,4	18,3	16,2	2,7	19,0	1,6	26,4	28,0

Fonte: ANTP, 2018, p. 8.

Notemos que a maioria das viagens foi realizada por meio de transporte não motorizado, o que justifica a prioridade dada a esse modal pela Política Nacional de Mobilidade Urbana (PNMU). Outro dado relevante apresentado pela ANTP (2018) é a distribuição por modal.

Gráfico 3.2 – *Distribuição percentual das viagens por modo de transporte realizadas em 2016*

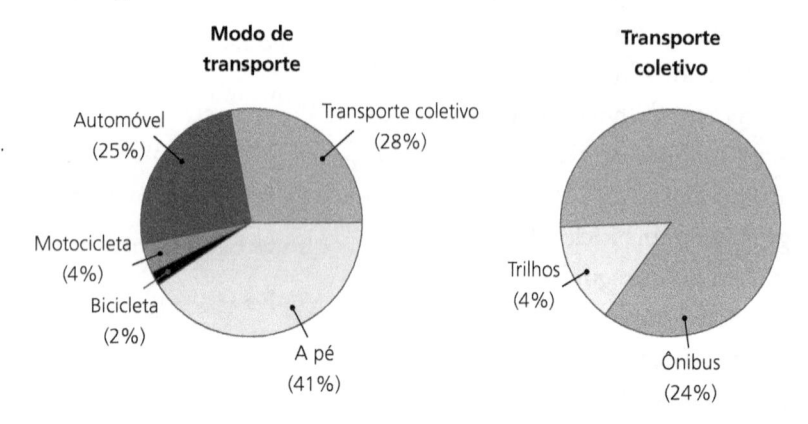

Modo de transporte
- Automóvel (25%)
- Transporte coletivo (28%)
- Motocicleta (4%)
- Bicicleta (2%)
- A pé (41%)

Transporte coletivo
- Trilhos (4%)
- Ônibus (24%)

Fonte: ANTP, 2018, p. 9.

Conforme observamos, grande parte das viagens, nesse ano, foi feita a pé (43%), modo ao qual se seguiram os meios de transporte coletivo (28%) e individual motorizado, ou seja, automóvel (25%). Segundo consta no levantamento realizado pela ANTP (2018, p. 9),

> Quando as viagens são classificadas por porte dos municípios, percebe-se que o transporte público reduz consistentemente sua participação em função do tamanho da cidade, passando de 36% nos municípios maiores para 19% entre os municípios menores. O transporte individual (auto e moto) apresenta um comportamento mais estável, com variação entre 27 e 31%.

Por outro lado, a participação do Transporte Não Motorizado – TNM (bicicletas e a pé) eleva-se com a redução do tamanho do município, passando de 37 para 51%.

Estes números indicam a necessidade de diferentes olhares em relação às políticas de mobilidade urbana em função do porte do município. Enquanto os municípios maiores possuem maior quantidade de viagens nos modos motorizados, os municípios menores possuem maior quantidade de viagens a pé e por bicicleta.

Desse modo, a opção pelo modal a pé continua correspondendo ao maior número de viagens. Cabe ressaltar que os tipos de modais sofrem algumas variações de acordo com o tamanho do município e até do poder econômico dos habitantes. No entanto, há o indício de que, quanto melhor a estrutura urbana, menor a tendência de utilização de transporte motorizado individual (automóveis e motocicletas).

3.2 Pedestres, bicicletas e patinetes

É importante tratar, mesmo que de maneira breve, dos modais não motorizados (bicicletas e patinetes) e dos pedestres. Sem sombra de dúvida, a utilização de automóveis tende a diminuir ao longo do tempo por causa da alta densidade veicular nas cidades. Nesse contexto, o pedestre merece atenção especial. De acordo com Pacheco (2015),

> O crescimento sem planejamento cria cidades dispersas e aumenta as distâncias, estimulando o uso do carro para percorrê-las e muitas vezes inviabilizando outros modais.

> Hoje, com a frota de automóveis estimada a atingir a marca de 2,5 bilhões até 2050, e a mobilidade uma vez garantida pelos carros cada vez mais imóvel entre ruas congestionadas e fumaça dos escapamentos, cidades de diversas partes do mundo começam agora a enfrentar o problema e a pensar em soluções para promover o desenvolvimento sustentável e priorizar as pessoas.
>
> [...]
>
> Caminhar é o modo mais democrático de se locomover e, mais do que isso: é apropriar-se do espaço urbano, perceber a cidade e fazer parte dela. Repensar a mobilidade de forma a priorizar as pessoas e os deslocamentos ativos aos poucos se torna uma diretriz para áreas urbanas em diferentes partes do mundo.

Portanto, percebemos que as políticas públicas devem priorizar, ao máximo, os pedestres, sendo fundamental considerar que, afinal, a cidade deve ser feita para as pessoas.

No que se refere à utilização de bicicletas e suas vantagens operacionais, ambientais e urbanas, Ulian (2013 citado por Machí; Alonso; Ruchti, 2015) afirma que nas grandes cidades latino-americanas, como São Paulo, Bogotá e Cidade do México, despontam sérios problemas de planejamento do transporte urbano, que são originados das infraestruturas precárias de mobilidade. Dessa forma, refletir sobre as possibilidades de modais é central para superar os problemas de tráfego, visto que novos modais trazem benefícios para as cidades, tanto no âmbito ambiental quanto no urbano. Como esclarecem Machí, Alonso e Ruchti (2015, p. 39),

> A bicicleta e sua infraestrutura ocupam um espaço físico muito menor que o veículo particular. A implantação de ciclovias nas margens de córregos e rios pode

gradualmente substituir faixas viárias impermeáveis por parques lineares ao longo do seu percurso, visando uma melhora na qualidade paisagística e ambiental.

A Infraestrutura Verde é uma ferramenta importante para o planejamento das ciclovias como indutora do equilíbrio entre a ocupação da cidade e os processos naturais.

Vários países servem como exemplo de desenvolvimento de estruturas adequadas para as bicicletas.

Para saber mais

No artigo "As 15 melhores cidades do mundo para andar de bicicleta", Vanessa Barbosa (2015) comenta sobre o caso de Copenhague, na Dinamarca. Acesse o endereço indicado a seguir.

BARBOSA, V. As 15 melhores cidades do mundo para andar de bicicleta. **Exame**, 28 jun. 2015. Disponível em: <https://exame.com/mundo/as-15-melhores-cidades-do-mundo-para-andar-de-bicicleta/>. Acesso em: 28 set. 2020.

Priess e Savoldi (2018) também oferecem uma perspectiva importante sobre o uso da bicicleta. Segundo os autores, um dos fatores positivos ao se adotar uma bicicleta como meio de transporte é o fato de que se evitam congestionamentos nos horários de pico, sobretudo em grandes cidades. Além disso, em razão de seu tamanho, é mais fácil estacionar uma bicicleta do que um carro. É necessário considerar, ainda, que os custos de manutenção são muito menores, se comparados aos de um veículo motorizado, além de ser uma alternativa para a realização de exercício físico. Portanto, trata-se de (1) um meio de transporte, que (2) não polui o meio ambiente e que (3) ajuda na prática de atividades físicas diárias.

No entanto, Priess e Savoldi (2018) ressaltam que o incentivo à utilização de meios de transporte não motorizado tem de ser acompanhado de políticas públicas sérias, que considerem os problemas reais impostos à locomoção dos ciclistas, como a falta de segurança. Nesse sentido, o desenvolvimento de políticas públicas voltadas ao incentivo de transporte não motorizado solicita da Administração Pública um planejamento eficiente, que estude os espaços destinados aos ciclistas a fim de que se assegurem condições plenas de locomoção.

A bicicleta, portanto, é um modal econômico que consome pouco espaço urbano, além de proporcionar a realização de atividade física, contribuindo para a melhoria da qualidade de vida e de um ambiente urbano sustentável.

Os patinetes, por sua vez, figuram como um novo tipo de micromobilidade urbana e estão começando a ser mais utilizados nas cidades. Sobre esse tema, Dino (2019) assevera:

> [Os patinetes] já chegaram em vários países, mas sua utilização não é tão simples. Assim como na Alemanha, o uso dos patinetes elétricos precisa ser regulamentado no Brasil. No Rio de Janeiro, quem não possui a Carteira Nacional de Habilitação (CNH) terá que fazer uma prova online do Detran para conhecer as leis de trânsito.
>
> Em São Paulo, o uso dos patinetes já está regulamentado, sendo que os condutores precisam usar o capacete obrigatoriamente. Também é proibida a circulação em calçadas e em vias onde carros circulam a mais de 40 km/h.

Entretanto, no Brasil, esse modal ainda está pendente de regulamentação em várias cidades. Parece inevitável que, superados alguns óbices, como custos (para os casos administrados por operadoras), readequação da estrutura urbana, normatização (onde e como poderão ser utilizados, velocidade, equipamentos de proteção, entre outros), o patinete venha a ser incorporado à rotina de transporte de maneira definitiva.

Os veículos automotores também merecem destaque, tendo em vista suas inúmeras características, como o espaço que ocupam e seu papel significativo nos centros urbanos.

3.3 Veículos automotores

Antes de tratarmos dos veículos automotores, cabe apresentarmos dados referentes ao percentual de utilização dos diferentes modais, de acordo com a população. Vejamos o levantamento registrado na Figura 3.1.

Figura 3.1 – Divisão modal por faixa de população, 2007

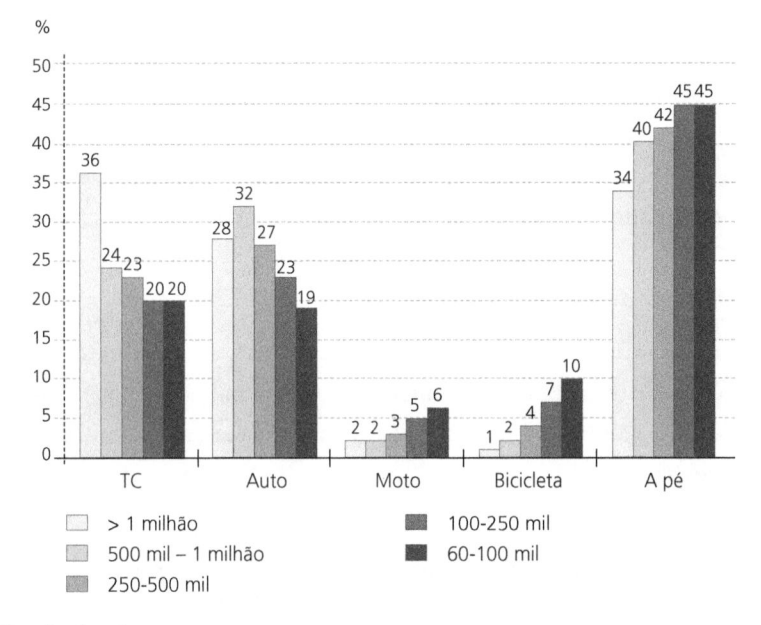

%

	TC	Auto	Moto	Bicicleta	A pé
> 1 milhão	36	28	2	1	34
500 mil – 1 milhão	24	32	2	2	40
250-500 mil	23	27	3	4	42
100-250 mil	20	23	5	7	45
60-100 mil	20	19	6	10	45

Fonte: Brasil, 2012b, p. 14.

Assim, embora exista uma percepção de que os veículos automotores são o modal mais utilizado, podemos verificar, no levantamento realizado em 2007, que o modo a pé corresponde à maioria dos deslocamentos nas cidades com menos de 1 milhão de habitantes. Nas grandes cidades (com mais de 1 milhão de habitantes), o transporte coletivo (TC) caracteriza-se como o modal mais utilizado. Podemos notar também que, nessas cidades, o pedestre ocupa a segunda posição, provavelmente pela estreita relação que tem com o transporte coletivo.

Falar de mobilidade urbana exige igualmente que se discuta a eficiência do uso do espaço no transporte. De acordo com dados do *website* Mobilidade Urbana Sustentável (Mobilize, 2020), a eficiência no uso desse espaço está relacionada com: (a) o modo de deslocamento escolhido; (b) a velocidade média que cada modal atinge; (c) o espaço ocupado pelas pessoas; e (d) a taxa de ocupação por modal. Uma pessoa em um veículo, por exemplo, chega a ocupar 50 m², o que corresponde, no dia a dia, a muitos casos. Por outro lado, uma pessoa a pé ocupa cerca de 60 vezes menos espaço (Mobilize, 2020). Nesse sentido, os transportes públicos auxiliam, e muito, para que essa taxa de ocupação seja menor. Assim, mais uma vez, está justificada a prioridade do transporte não motorizado sobre o motorizado, bem como do transporte público sobre o particular.

Curiosidade

Em 2014, saiu uma notícia na TV Gazeta de Alagoas em que se questionavam e se analisavam, de um lado, o crescimento desproporcional de carros e, de outro, a falta de planejamento urbano. Leia, a seguir, um trecho dessa notícia.

"Um carro", respondeu prontamente a secretária Josilene Lessa, 33, quando perguntada sobre o que compraria se tivesse um poder aquisitivo maior. Assim como ela, muitos outros alagoanos carregam consigo o desejo de adquirir um automóvel. As facilidades ofertadas pelo mercado e os incentivos fiscais já levaram muitos consumidores a realizarem esse sonho. Mas o que resolve uma necessidade individual acaba contribuindo para um problema que afeta toda a população: a falta de mobilidade urbana.

[...]

De acordo com o especialista em trânsito e mobilidade urbana Antônio Fachneti, o número é alarmante. "A frota de veículos tem aumentado assustadoramente em relação ao crescimento da população. As pessoas alimentam o sonho americano de ter o próprio carro, mas esquecem que não podemos comparar o Brasil com o Estados Unidos, que tem todo um planejamento. Nossas avenidas e estradas são estreitas e o poder público tem dificuldade de fazer as adequações necessárias", explica.

Mas o especialista reconhece que a população não tem muita escolha. "É como diz aquele velho ditado, 'se correr o bicho pega, se ficar o bicho come', porque, ao mesmo tempo em que a aquisição de veículos é prejudicial à coletividade, as pessoas não têm à disposição um transporte público adequado, então não se veem motivadas a abandonar carro.

[...]

"Legislação não falta sobre mobilidade urbana. O que falta mesmo é mudar a cultura da população. As pessoas precisam entender que o carro não é o único meio de locomoção. Sabemos que o transporte público de Maceió não é dos melhores, mas não deixa de ser uma opção e

> tem também as bicicletas. Até mesmo os táxis devem ser considerados, porque, se fizermos as contas, veremos que gastar com táxi sai mais barato do que manter um carro", diz Fachneti. (Gomes, 2014)
>
> Caso queira, procure ler a reportagem na íntegra e refletir sobre os problemas colocados para a cidade de Alagoas, buscando identificar as mesmas questões em outras grandes cidades do Brasil.
>
> GOMES, R. Mobilidade urbana não acompanha crescimento da frota de carros em AL. G1, Alagoas, 14 dez. 2014. Disponível em: <http://g1.globo.com/al/alagoas/noticia/2014/12/mobilidade-urbana-nao-acompanha-crescimento-da-frota-de-carros-em-al.html>. Acesso em: 28 set. 2020.

Dessa maneira, verificamos que o veículo particular: (a) ocupa um grande espaço, (b) contribui para a poluição e, de certa forma, (c) é menos utilizado, se comparado ao transporte público. Isso demonstra que, caso haja melhorias na infraestrutura do transporte público, há forte tendência de se diminuir o uso do veículo particular, o que, sem dúvida, será vantajoso para a mobilidade urbana e, por conseguinte, para a qualidade de vidas das pessoas.

3.4 *Transportes públicos*

O transporte público merece significativa atenção no Brasil e no mundo, tendo em vista que é (e deve ser) a melhor – ou, quiçá, a única – forma de responder às demandas de mobilidade nos centros com grande densidade demográfica. É por essa razão que as cidades mais inteligentes adotam políticas públicas que tendem a excluir ou a minimizar o transporte individual em benefício do transporte coletivo.

Sobre esse assunto, a reportagem intitulada "Mobilidade urbana – No Brasil, transporte público tem pouco investimento e a preferência ainda é do carro", publicada no UOL (2015), apresenta dados interessantes. Vejamos:

> Segundo dados do Ipea, os sistemas de ônibus urbanos e metropolitanos são a modalidade de transporte público predominante no Brasil, operando em cerca de 85% dos municípios. Ainda assim, a capacidade de atendimento se mostra insuficiente.
>
> [...]
>
> Segundo uma pesquisa da BBC Brasil, o sistema metroviário de São Paulo, inaugurado em 1974, tem hoje 74,3 km de extensão e uma média de expansão de 1,91 quilômetro por ano. O metrô de Londres, em operação desde 1863 e com 402 km, tem uma expansão média de 2,68 quilômetros por ano.
>
> Para alcançar a malha metroviária londrina, a capital paulista precisaria de 172 anos crescendo no ritmo atual. Para outras cidades do Brasil, o cenário é pior [...]. O ritmo de crescimento da malha metroviária da principal cidade do país mostra a pouca importância dada ao transporte público em todo o país.
>
> Após as manifestações de junho de 2013, contra o aumento das tarifas de ônibus, o governo federal anunciou o PAC da Mobilidade Urbana, com um orçamento de R$ 50 bilhões para 378 obras previstas em diferentes cidades brasileiras. No entanto, boa parte das obras ainda não começou ou está atrasada. (Mobilidade..., 2015)

É fácil perceber que o transporte público brasileiro ainda precisa de muitas alterações. Todavia, também é preciso reconhecer as iniciativas que têm dado certo: algumas cidades, como Curitiba, dispõem de alguns dos melhores sistemas de transporte público do Brasil.

Nessa esteira, compreender quais são os tipos de transportes públicos existentes é fundamental para tratar de mobilidade urbana bem como de projetos voltados a ela. Podemos dividir os transportes em duas vertentes: (1) sobre pneus e (2) sobre trilhos. Vejamos as diferenças entre eles.

1. **Sobre pneus:**

BRT – *Bus Rapid Transit* (em português, "Transporte rápido por ônibus"): circulam em via própria, os chamados *corredores*, que podem ser elevados ou não. Tem estações de embarque que são maiores do que os "pontos de paradas". Também possibilitam aos usuários realizarem o pagamento da tarifa antecipadamente, o que agiliza o embarque e reduz o tempo das paradas (Souza, 2013).

BRS – *Bus Rapid Service* (em português, "Serviço rápido por ônibus"): difere do BRT na estrutura física, pois, ao invés de utilizar um corredor exclusivo, trafega em faixas exclusivas que podem ser usadas por veículos diante de uma situação de conversões. Isso faz com que esse tipo de transporte seja menos oneroso para os cofres públicos (Souza, 2013).

VLP – Veículo leve sobre pneus: funciona por meio de motorização elétrica que roda sobre pneus e é guiada por um trilho central que fica sob o pavimento. Pode ser considerado um VLT sobre pneus. Suas características são: (a) capacidade de vencer aclives, em virtude da motorização e do tipo de pneu utilizado o VLP pode subir inclinações de até 13%; (b) é adequado ao meio urbano; (c) tem baixa ocupação do solo, pois sua bitola é reduzida fazendo com que sobre mais espaço para outros modos de transporte (pedestres, carros, bicicletas);

(d) emite pouco ruído, uma vez que não há contato aço-aço e também porque os pneus transmitem pouca vibração ao solo; (e) é acessível a todos, pois apresenta piso baixo; (f) é um sistema autônomo, que pode ser alimentado por baterias e que tem potência para circular mais de 500 metros com alimentação nos pontos de parada (Sousa, 2016).

2. **Sobre trilhos.**

VLT – Veículo leve sobre trilhos: sistema de transporte de massa que transita entre o metrô e o BRT. É uma opção de transporte para atende uma demanda considerável de pessoas, pois carrega entre 15 e 35 passageiros por hora no mesmo sentido (Souza, 2013).

Metrô – conhecido popularmente como *metrô*, mas também como *metropolitano* ou, ainda, *sistema de transporte subterrâneo de passageiros*, ele é construído em área urbana e seu funcionamento apresenta alta capacidade de transporte de pessoas e frequência de tempo reduzida. Esse sistema está localizado em túneis e/ou viadutos e é segmentado em linhas que ligam as estações. O metrô utiliza como mecanismo propulsor múltiplas unidades elétricas sobre os trilhos bem como pneus de borracha alinhados, levitação magnética ou monotrilho. Normalmente, ele é integrado a outros sistemas de transporte público, sendo muito utilizado devido à rapidez, à eficácia e à capacidade de transportar milhões de pessoas todos os dias. As desvantagens associadas a esse meio de transporte são a superlotação, o pouco conforto, o preço alto e, ocasionalmente, alguns problemas derivados da falta de manutenção (Santiago, 2020).

Existem, portanto, muitas opções de transportes públicos de qualidade, que oferecem celeridade e eficiência nos deslocamentos. Claro que, atualmente, as alternativas disponíveis ainda dependem de muito investimento para chegar ao ponto desejado, prezando pela eficiência e satisfação dos usuários.

Síntese

Neste capítulo, abordamos três modais de mobilidade: os patinetes, as bicicletas e os pedestres. Iniciamos a discussão enfocando os pedestres e vimos que, nas cidades com menos de 1 milhão de habitantes, a escolha por andar a pé constitui a principal forma de deslocamento. Em seguida, ponderamos sobre a utilização das bicicletas e sua interação com o trânsito nas cidades, sobretudo no que diz respeito à segurança do ciclista. Nesse ponto, também destacamos que a micromobilidade está relacionada, de maneira direta, com o uso de patinetes.

Na sequência, tratamos dos veículos automotores e do transporte coletivo. Sobre os automóveis, descrevemos suas características e implicações nos centros urbanos, principalmente no que se refere ao espaço ocupado, o que gera grandes congestionamentos. Quanto ao transporte coletivo, analisamos seus diferentes tipos e sua funcionalidade para uma sociedade que se quer cada vez mais sustentável.

Para saber mais

Sobre os sistemas de transporte mais sustentáveis no mundo, sugerimos a leitura da reportagem indicada a seguir.

GRUPO CCR. **As 10 cidades com sistemas de transportes mais sustentáveis no mundo**. Disponível em: <http://www.grupoccr.com.br/grupo-ccr/infra-em-movimento/s-10-cidades-com-sistemas-de-transportes-mais-sustentaveis-no-mundo-106113>. Acesso em: 28 set. 2020.

Questões para revisão

1. Assinale a alternativa que apresenta uma noção geral a respeito dos modais:
   a. Os níveis preocupantes de poluição, de congestionamentos e de acidentes de trânsito não são características da mobilidade urbana em grandes cidades brasileiras.
   b. Quanto melhor for a estrutura urbana, maior será a tendência de utilização de transporte motorizado individual (automóveis e motocicletas).
   c. A esmagadora maioria dos deslocamentos no Brasil é realizada por meio de transporte particular motorizado.
   d. Cerca de 80% da população brasileira mora em cidades.
   e. Nas cidades com menos de 1 milhão de habitantes, o transporte coletivo é o mais utilizado.

2. Sobre os pedestres, as bicicletas e os patinetes, assinale a alternativa **incorreta**:
   a. Caminhar é o modo mais democrático de se locomover.
   b. A frota de automóveis mundial é estimada em 2,5 bilhões de carros até 2050.
   c. O uso de patinetes apresenta algumas dificuldades, como a falta de alterações na regulamentação e a pouca infraestrutura.
   d. A bicicleta ocupa um espaço físico muito menor que o veículo particular.
   e. Os patinetes jamais serão efetivados como modo de transporte porque as dificuldades impostas atualmente são insuperáveis.

3. No que diz respeito aos veículos automotores, assinale a alternativa correta:

   a. O uso dos automóveis segue uma escala ascendente, atingindo o ápice nas cidades com mais de 1 milhão de habitantes.

   b. Considerando-se a utilização de automóveis, uma pessoa em um veículo ocupa 50 m^4 do espaço urbano.

   c. Nas cidades com mais de 1 milhão de habitantes, o uso do transporte coletivo é inferior ao uso de automóveis.

   d. Considerando-se a utilização de automóveis, uma pessoa em um veículo ocupa 20 m^2 do espaço urbano.

   e. Nas cidades com menos de 1 milhão de habitantes, porém com mais de 500 mil, o uso do transporte coletivo é superior ao de automóveis.

4. Qual é a modalidade de transporte público urbano predominante no Brasil?

5. Cite três tipos de transporte público e suas características principais.

Questões para reflexão

1. Muitas cidades que consideraram atingir um nível satisfatório de mobilidade urbana, sem que esta sopesasse como um elemento utópico ou inatingível, hoje integram o topo da lista das "cidades-modelo". Com base nessa perspectiva, pesquise sobre sistemas de mobilidade eficazes empregados em diversos lugares do mundo. Depois, utilizando desse conhecimento, analise as condições da mobilidade urbana de sua cidade.

2. Reflita sobre as melhores alternativas para garantir um transporte seguro e ativo de bicicleta em sua cidade. Pesquise e discuta o assunto com profundidade.

❖ ❖ ❖

capítulo quatro

Projetos de mobilidade para pedestres e ciclistas

Conteúdos do capítulo:

+ Os pedestres e as características desse modal.
+ Os ciclistas e as características desse modal.

Após o estudo deste capítulo, você será capaz de:

1. discorrer sobre os projetos de mobilidade urbana relativos aos pedestres;
2. discorrer sobre os projetos de mobilidade urbana relativos aos ciclistas.

Neste capítulo, apresentaremos alguns instrumentos da Política Nacional de Mobilidade Urbana (PNMU), assim como sua relação com os pedestres e os ciclistas. Em seguida, abordaremos as características de cada modal, bem como os requisitos mínimos para a implementação de projetos de infraestrutura compatíveis com o desempenho adequado a cada sistema.

4.1 *Pedestres*

A Política Nacional de Mobilidade Urbana (PNMU) promove o incentivo ao transporte ativo. No artigo intitulado *O transporte ativo combate a falta de atividade física e melhora o bem-estar nas cidades* (Tanscheit, 2019), publicado pelo instituto de pesquisa WRI Brasil, a autora destaca que, a depender do incentivo que a cidade oferece aos seus moradores, os níveis de atividade física variam. Segundo Tanscheit (2019), a Organização Mundial da Saúde (OMS) afirma que as políticas de transporte e planejamento urbano se comportam como as formas mais eficientes de estímulo ao exercício físico. O sedentarismo já se configura, hoje, como um problema de saúde pública, tornando-se, assim, cada vez mais premente a elaboração de estratégias que pensem uma cidade mais ativa. Ao longo do tempo, as cidades foram desenhadas colocando-se em pauta, de maneira mais efetiva, os automóveis; as pessoas que circulavam a pé ou de bicicleta foram sendo esquecidas, portanto. Conforme Tanscheit (2019),

> Por 15 anos, o explorador e escritor Dan Buettner buscou os motivos pelos quais as pessoas tinham vidas mais duradouras e saudáveis em cinco cidades específicas – Okinawa, no Japão; Sardenha, na Itália; Nicoya, na Costa Rica; Ikaria, na Grécia; e Loma Linda, na Califórnia.

O que ele descobriu foi que a longevidade dos habitantes era um resultado de condições comuns às cinco cidades, entre elas a forma como as pessoas mais de deslocam diariamente. Nesses locais, a população não costuma pagar para se manter ativa, frequentando academias, por exemplo, mas as atividades físicas ocorrem naturalmente como consequência de suas viagens diárias feitas a pé.

Logo, a PNMU está claramente alinhada às necessidades das pessoas, tendo por base pesquisas e estudos realizados em outros centros urbanos ao redor do mundo. Nesse sentido, essa política evidenciou a necessidade de atualização da legislação municipal no tocante ao tema da mobilidade e, assim, suscitou a concepção da Lei Municipal n. 14.771, de 17 de dezembro de 2015, da qual vale destacar o art. 48:

> Art. 48. São diretrizes específicas da política municipal da circulação de pedestres:
> I – atender a necessidade de circulação de todos os pedestres, independente de suas condições de mobilidade, conforme legislação sobre acessibilidade;
> II – definir padrões de calçadas com características acessíveis – regular, firme, estável e antiderrapante – buscando o equilíbrio entre a manutenção das identidades locais e a adoção de novas tecnologias e soluções sustentáveis;
> III – ampliar a rede de calçadas e de espaços públicos de circulação de pedestres [...];
> IV – adaptar gradativamente os espaços de uso público municipal e garantir que novos equipamentos atendam às condições estabelecidas na legislação de acessibilidade [...];

v – desenvolver ações voltadas à eliminação de barreiras físicas que possam representar bloqueios à circulação dos pedestres e riscos à integridade física [...];
vi – desenvolver ações voltadas à conscientização da população quanto à importância das calçadas e das adaptações de acessibilidade [...];
vii – estabelecer critérios para a implantação de mobiliário urbano nas calçadas e espaços públicos, priorizando a usabilidade, a acessibilidade, a estética e a adoção de tecnologias e materiais sustentáveis;
viii – desenvolver planos, programas e projetos específicos para a implantação dos princípios, objetivos e diretrizes da política municipal de circulação de pedestres;
ix – elaborar o Plano de Pedestrianização e Calçadas.
(Curitiba, 2015)

 Esse instrumento legal permite que os gestores responsáveis pela mobilidade urbana criem meios capazes de desenvolver, implementar e adequar a infraestrutura necessária a fim de alcançar os objetivos definidos, em sintonia com os demais textos legais e iniciativas governamentais, como a Constituição Federal, o Estatuto das Cidades, a PNMU, o Plano Diretor e o Plano de Mobilidade Específico, além das normas brasileiras de mobilidade e também do Código de Trânsito Brasileiro.

 A elaboração de metas e objetivos de um plano de mobilidade urbana exige que o desenvolvimento das atividades esteja voltado ao mapeamento da situação atual dos modais nos municípios. Nessa perspectiva, Tanscheit (2019) menciona o exemplo da cidade de Joinville (SC):

Joinville instituiu, em 2015, o seu Plano Diretor de Transportes Ativos (PDTA) para atender a duas ações prioritárias do seu Plano de Mobilidade (PlanMOB): elaborar um plano de caminhabilidade e um plano diretor cicloviário. O documento apresenta diretrizes de como qualificar e ampliar os deslocamentos a pé ou por bicicleta na cidade, tratando especialmente sobre as condições das calçadas e passeios, das vias cicláveis, travessias e sistema de informação para pedestres e ciclistas e infraestrutura verde do município catarinense.

As conexões entre planejamento urbano e saúde pública são diversas. Cidades terão um papel de grande importância para que essa relação permita que a própria população escolha hábitos mais saudáveis e ativos. Promover o transporte ativo depende da infraestrutura adequada e segura e do uso eficiente do solo, o que inclui promover densidades e centralidades. Ou seja, é uma abordagem holística de gestão urbana como meio de proporcionar qualidade de vida para as pessoas.

Verificamos, portanto, a importância da gestão urbana para as cidades, visto que desempenha um papel de agente transformador da qualidade de vida das pessoas. Desse modo, é inegável que o transporte ativo tem impacto positivo na saúde da população e no meio ambiente.

No tocante aos aspectos de engenharia voltados para a implantação de infraestrutura urbana destinada aos pedestres, é válido ressaltar algumas premissas que devem nortear os projetos, bem como a necessidade de eles estarem em conformidade com as normas técnicas vigentes, quando estas forem aplicáveis. Por isso, apresentamos, na sequência, algumas diretrizes, com as respectivas ilustrações, que têm de ser consideradas em projetos dessa natureza.

A **geometria** tem de ser compatível com o fluxo de pessoas, ou seja, os pavimentos destinados aos pedestres devem estar dimensionados de acordo com o fluxo de pessoas definido em projeto. Além disso, precisam atender às dimensões mínimas prescritas em normas e regulamentos.

Figura 4.1 – Geometria compatível com o fluxo de pessoas

Faixa de serviço:
0,70 m [Mínimo]

Faixa livre:
1,20 m [Mínimo]

Faixa de transição:
0,45 m [Mínimo]

Fonte: Elaborado com base em Brasil, 2016b, p. 15.

O termo **acessibilidade universal** aponta, como o próprio nome indica, para a necessidade de que os lugares sejam acessíveis a todos. Para tanto, os projetos de mobilidade urbana devem prever para as calçadas, por exemplo, itens como rebaixamentos, inclinações máximas, rampas de acesso e continuidade.

Figura 4.2 – Acessibilidade universal

Renato Villavicencio e Tupungato/Shutterstock

Por outro lado, para que haja **continuidade**, é importante a eliminação de obstáculos, como árvores, postes, bancos, lixeiras, estacionamentos irregulares de veículos, degraus e rampas com inclinação elevada.

Figura 4.3 – Continuidade

Paralelo ao meio-fio

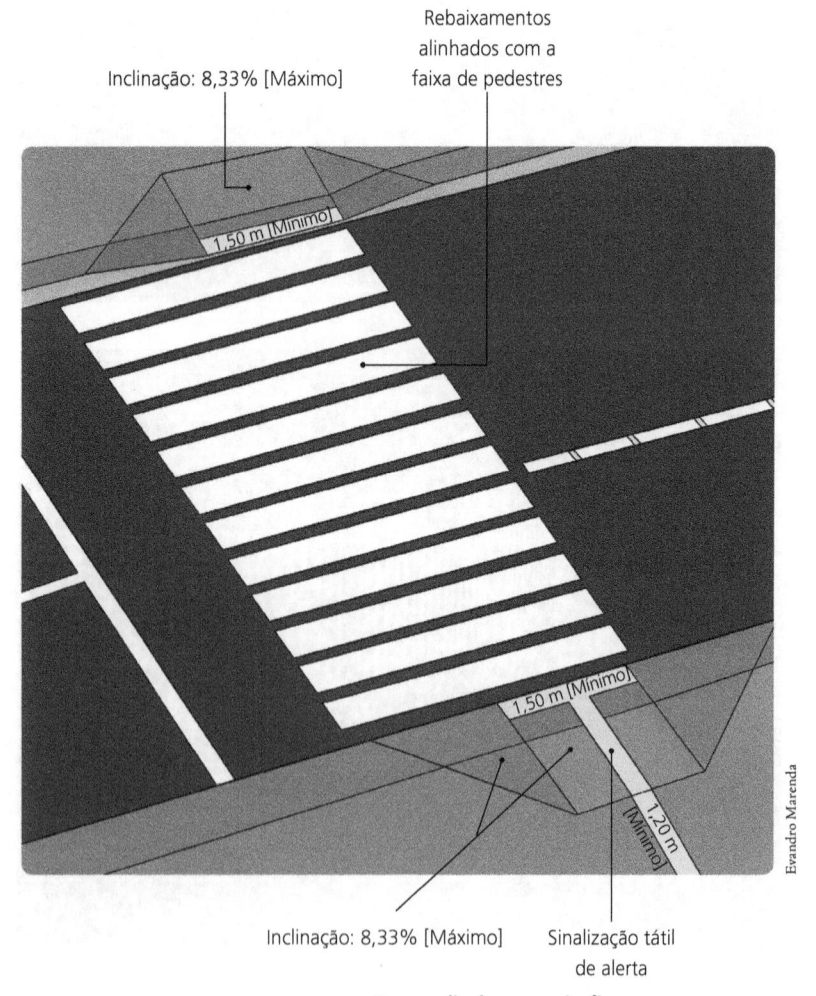

Inclinação: 8,33% [Máximo]

Rebaixamentos alinhados com a faixa de pedestres

1,50 m [Mínimo]

1,50 m [Mínimo]

1,20 m [Mínimo]

Inclinação: 8,33% [Máximo]   Sinalização tátil de alerta

Perpendicular ao meio-fio

Fonte: Elaborado com base em Brasil, 2016b, p. 56.

O atendimento ao requisito **segurança** está relacionado a outros itens, como qualidade do pavimento, adequação geométrica, sinalização e iluminação. Além disso, a segurança deve estar prevista em projeto locais com infraestruturas adequadas para que os pedestres façam as travessias de vias públicas de forma segura, incluindo linhas de retenção, passarelas, galerias subterrâneas, ilhas de refúgio e outros, conforme cada necessidade.

Figura 4.4 – Segurança

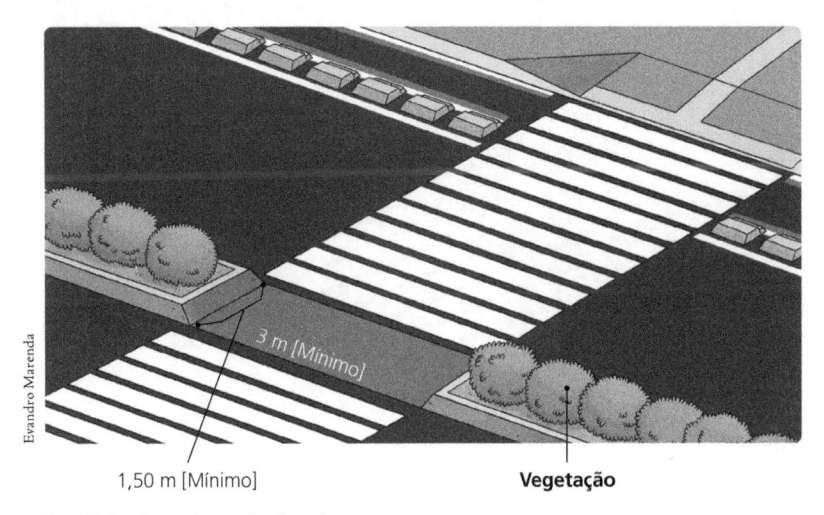

Fonte: Elaborado como base em Brasil, 2016b, p. 74

A **sinalização** é composta por elementos visuais, sonoros e táteis. Como exemplo, podemos citar as faixas de pedestres, que correspondem a uma sinalização tátil de alerta; já os semáforos constituem uma sinalização visual.

Figura 4.5 – Sinalização

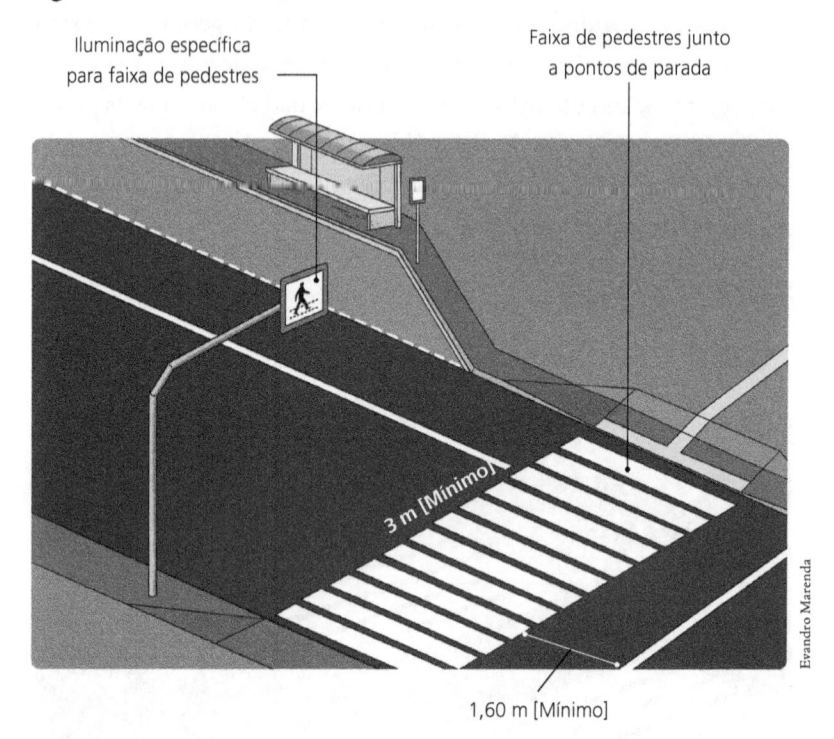

Iluminação específica para faixa de pedestres

Faixa de pedestres junto a pontos de parada

3 m [Mínimo]

1,60 m [Mínimo]

Fonte: Elaborado com base em Brasil, 2016b, p. 70.

Por **pavimento adequado** entende-se aquele que apresenta características de continuidade, regularidade, conforto ao caminhar, facilidade de manutenção e boa aderência em condições diversas.

Figura 4.6 – Pavimento adequado

Os **sistemas de informação**, por sua vez, devem prover meios de orientação aos pedestres quanto à localização, às direções, aos modais alternativos de mobilidade, às informações turísticas etc. O mobiliário urbano é composto por lixeiras, bancos, floreiras, pontos de ônibus, entre outros equipamentos urbanos de natureza pública. A iluminação pública deve ser prevista para atender aos pedestres, conforme prescrições normativas, visto que tem forte impacto no conforto e na segurança das calçadas destinadas ao deslocamento a pé. O conforto climático corresponde à definição adequada das cores dos pavimentos, da vegetação e das árvores. Estas, por sua vez, precisam de um planejamento cuidadoso a fim de que não interfiram nos sistemas de iluminação.

Figura 4.7 – Sistema de informação, mobiliário urbano, iluminação pública e conforto climático

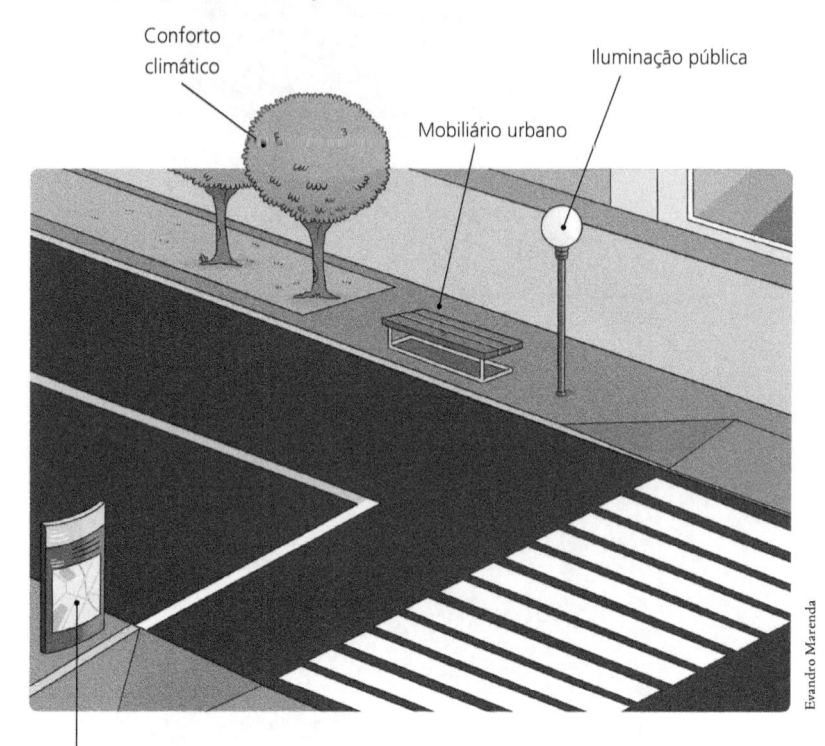

Fonte: Elaborado com base em Brasil, 2016b, p. 21.

A **interface com outros meios de transporte** é de fundamental importância. Esse item deve ser considerado nos projetos de implantação das calçadas, pois a correta interface dos modais de mobilidade tende a incentivar o transporte ativo. Para que isso ocorra, o projeto tem de contemplar essa interligação, por exemplo, com acesso a terminais de ônibus, estações de metrô, pontos de táxi, estacionamentos, equipamentos públicos etc.

Figura 4.8 – Interface com outros meios de transporte

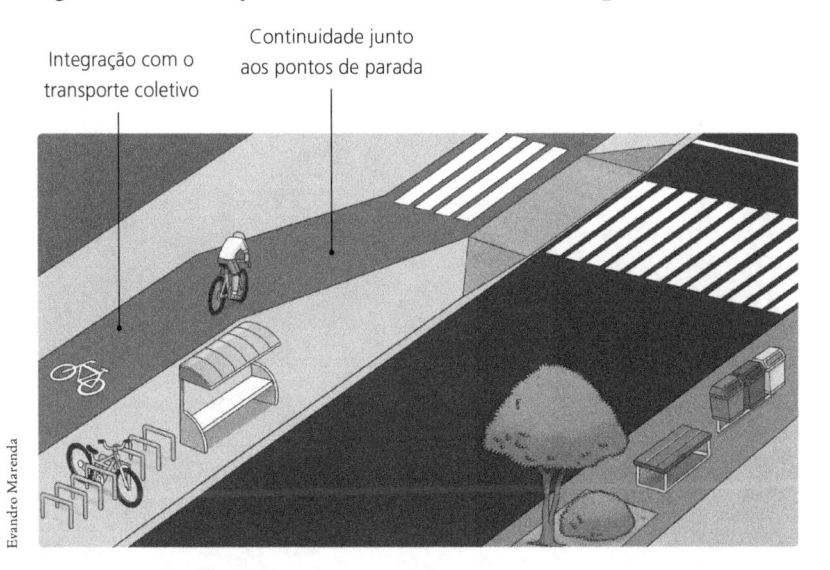

Integração com o transporte coletivo

Continuidade junto aos pontos de parada

Fonte: Elaborado com base em Brasil, 2016b, p. 37.

No tocante à **abrangência compatível com a necessidade da população**, o projeto deve ser pensado para a demanda solicitada pelo horizonte de projeto preestabelecido. Ou seja, além do atendimento a todos os critérios e princípios técnicos elencados anteriormente, os estudos de demanda têm de ser feitos de forma criteriosa, levando--se em consideração os dados obtidos no momento de sua realização, a fim de garantir uma extrapolação e um dimensionamento de fluxo corretos; caso contrário, fica-se sujeito a uma obsolescência prévia e, com isso, à possibilidade de não atender aos propósitos delineados.

Figura 4.9 – Abrangência compatível com a necessidade da população

Com relação aos requisitos técnicos, vale destacar a iniciativa do extinto Ministério das Cidades (atual Ministério do Desenvolvimento Regional – MDR), que, com o apoio técnico da WRI Brasil e da ANPTrilhos, publicou, em 2017, a coleção *Cadernos técnicos para projetos de mobilidade urbana* (Brasil, 2016a). Esses guias apresentam critérios gerais que auxiliam na implementação correta de uma infraestrutura voltada à mobilidade e podem ser consultados pelos gestores de mobilidade urbana. Nesses cadernos constam descrições detalhadas de diversos parâmetros e recomendações que devem nortear os projetos de mobilidade urbana, com riqueza de detalhes e exemplos práticos.

Outro tema fundamental a ser debatido é a manutenção adequada dos espaços destinados aos pedestres, pois as características do projeto têm de ser mantidas durante sua vida útil, sob pena de gerar riscos à saúde dos usuários e desprover a utilização.

4.2 Ciclistas

Da mesma forma que os pedestres, os ciclistas fazem parte da mobilidade ativa e, portanto, são prioridade da PNMU. Assim como no caso dos pedestres, existem estudos que confirmam os diversos benefícios para os usuários desse modal, bem como para as cidades que priorizam esse tipo de transporte.

O WRI Brasil destaca dados interessantes:

> Um estudo da Universidade de Columbia, nos Estados Unidos, concluiu que a cada US$ 1,3 mil dólares investidos na construção de ciclovias em Nova York, em 2015, foram gerados benefícios equivalentes a um ano de vida saudável a mais na vida de todos os moradores da cidade. Naquele ano, a cidade construiu cerca de 73 quilômetros de ciclovias com um investimento de US$ 8 milhões. Segundo cálculos dos pesquisadores, isso aumentou em 9% a probabilidade dos habitantes de usar a bicicleta.
>
> Políticas públicas desempenham um papel fundamental no incentivo à prática de atividade física. A cidade de Londres, por exemplo, incluiu na sua estratégia o programa "Healthy Streets" (Ruas Saudáveis) para estimular a população a caminhar, pedalar e usar o transporte coletivo em seus deslocamentos diários. Segundo levantamentos da capital inglesa, pelo menos um quarto das viagens que hoje são realizadas de carro poderiam ser feitas a pé e dois terços de bicicleta, o que garantiria grandes benefícios à saúde da população e eficiência para o sistema de transporte.

> [...]
> Se todos os moradores de Londres caminhassem ou pedalassem 20 minutos por dia, 1,7 bilhão de libras seriam economizadas em custos de tratamentos do NHS (sistema de saúde da Inglaterra) ao longo de 25 anos, de acordo com o planejamento da cidade. (Tanscheit, 2019)

Considerando-se tais dados, fica clara a necessidade de investimentos nesse modal de transporte urbano em função de suas características próprias e dos potenciais benefícios tanto para a cidade quanto para a população, sendo contemplada, ainda, uma potencial redução nos custos do sistema de saúde.

Na esteira da PNMU, o município de Curitiba, por meio dos artigos 49, 50 e 51 da Lei n. 14.771/2015 (Curitiba, 2015), definiu diretrizes específicas relacionadas à circulação de bicicletas. Vejamos cada artigo em particular, pois o conhecimento da legislação é fundamental em qualquer planejamento de mobilidade urbana.

> Art. 49. São diretrizes específicas da política municipal da circulação de bicicletas:
> I – desenvolver o Plano Cicloviário [...];
> II – incorporar, após avaliação técnica de viabilidade e em conformidade com o Plano Cicloviário, estruturas cicloviárias em grandes projetos de estruturação e reestruturação urbana, assim entendidos os projetos de eixos estruturantes viários e de transporte, planos de ocupação, parques e eixos ambientais e de lazer;
> III – planejar, executar e manter a rede de estrutura cicloviária, incluindo a existente [...];

iv – desenvolver programas e campanhas educativas objetivando o incentivo a utilização do modal bicicleta e a difusão das normas de trânsito para a circulação segura e o convívio do trânsito motorizado e não motorizado;
v – implantar sistema de bicicletas compartilhadas integrado à rede de transporte coletivo bem como às malhas cicloviárias do município, pontos turísticos e demais locais de interesse [...];
vi – estimular a implantação de equipamentos privados voltados ao apoio para a circulação de bicicleta;
vii – incentivar o uso de bicicletas;
viii – as escolas em funcionamento quando puderem reservar espaço e instalar estrutura adequadas para bicicletários.
Art. 50. O Plano Cicloviário deverá ser elaborado considerando os seguintes princípios:
i – integração metropolitana;
ii – conectividade entre novas estruturas cicloviárias para circulação de bicicletas com a malha existente;
iii – integração com o sistema de transporte público coletivo, em terminais e em outros pontos de conexão da RIT [Rede Integrada de Transporte];
iv – mudança dos padrões de viagens urbanas no Município em deslocamentos de curta extensão.
Art. 51. O Plano Cicloviário deverá contemplar, no mínimo:
i – definição das tipologias das estruturas cicloviárias para a circulação da bicicleta;
ii – definição da localização e da hierarquia das estruturas cicloviárias em relação à mobilidade da bicicleta no Município, bem como definição das prioridades de intervenção ou implantação;

III – definição das tipologias dos equipamentos de apoio para a circulação da bicicleta, bem como definição das prioridades de implantação;

IV – conformação de micro redes em bairros, integradas à rede principal, considerando a localização dos principais equipamentos públicos. (Curitiba, 2015)

Cabe ressaltar que o planejamento urbano de Curitiba não considerava a bicicleta como um possível meio de transporte. De acordo com Miranda (2010, p. 70),

> Curitiba é hoje a capital brasileira com maior índice de motorização, atingindo 614 veículos/1000 habitantes, segundo dados do DENATRAN (2008). Além disso, não há incentivos para o uso da bicicleta como modo efetivo de transporte, sendo essa considerada sobretudo como uma forma de lazer. Isso se reflete no desenho das ciclovias urbanas que se preocupam em unir parques e áreas verdes. Como não é usada como modo de transporte regular, a bicicleta perdeu espaço até mesmo nos terminais de ônibus, que não oferecem áreas destinadas para estacionamento e guarda.

Logo, a redação da Lei n. 14.771/2015 traz avanços significativos para a mobilidade urbana, pois altera o entendimento da bicicleta como modo de locomoção voltado exclusivamente ao lazer e a explora como alternativa de transporte a ser inserida no plano de mobilidade urbana.

Os requisitos de engenharia, tendo em vista a definição dos projetos de infraestrutura para ciclistas, devem seguir premissas de segurança, de conforto e de qualificação, sempre em conformidade com as normas, as orientações técnicas e as boas práticas.

Quanto a essas premissas, no que diz respeito à **geometria compatível com o fluxo de bicicletas**, assim como no caso dos pedestres, as ciclofaixas e as ciclovias devem ser adequadamente dimensionadas para o atendimento do fluxo de ciclistas previsto em projeto, sempre respeitando as dimensões mínimas indicadas em normas e regulamentos.

Figura 4.10 – Geometria compatível com o fluxo de bicicletas

Largura livre ciclovia/ciclofaixa unidirecional:
1,20 m [Mínimo]

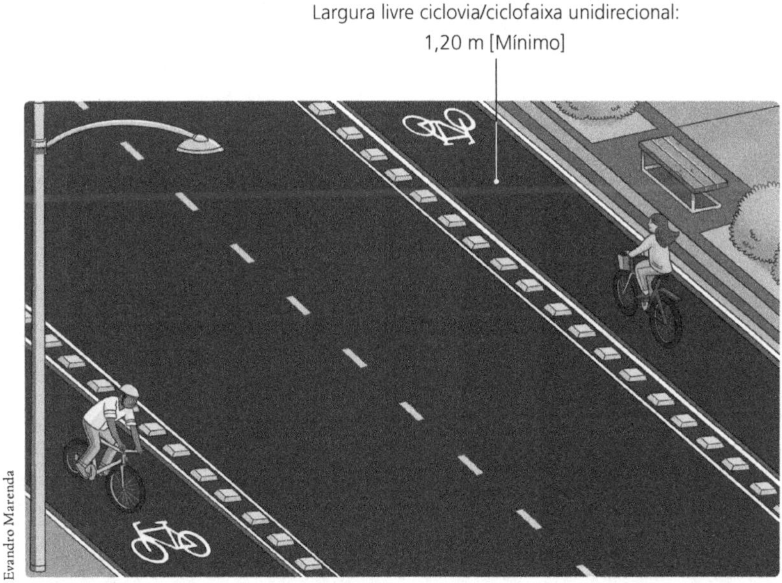

Fonte: Elaborado com base em Brasil, 2016b, p. 31.

No que concerne ao **pavimento adequado**, este deve ser apropriado para o ciclista, proporcionando-lhe conforto e segurança. Recomenda-se a utilização de pavimentos contínuos, que não causem trepidação, como seria o caso de um pavimento asfáltico ou de concreto. Além disso, devem atender aos requisitos de drenagem, estrutura e manutenção.

Figura 4.11 – Pavimento adequado

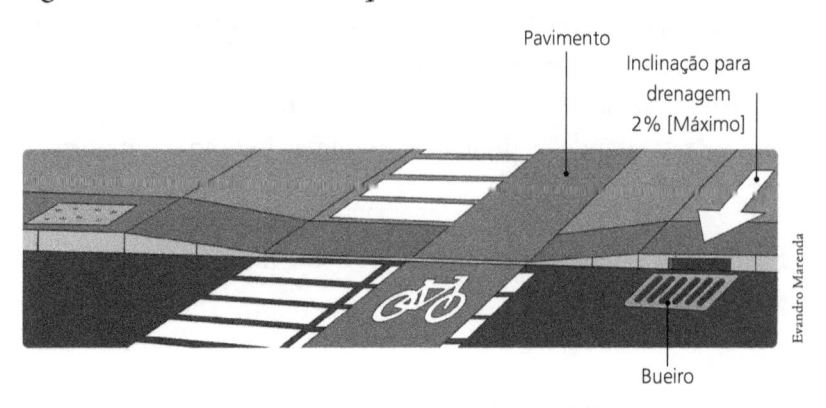

Fonte: Elaborado com base em Brasil, 2016b, p. 42.

Sobre a **sinalização**, de maneira geral, deve constar tanto na vertical quanto na horizontal e mostrar-se adequada ao projeto previamente elaborado.

Figura 4.12 – Sinalização

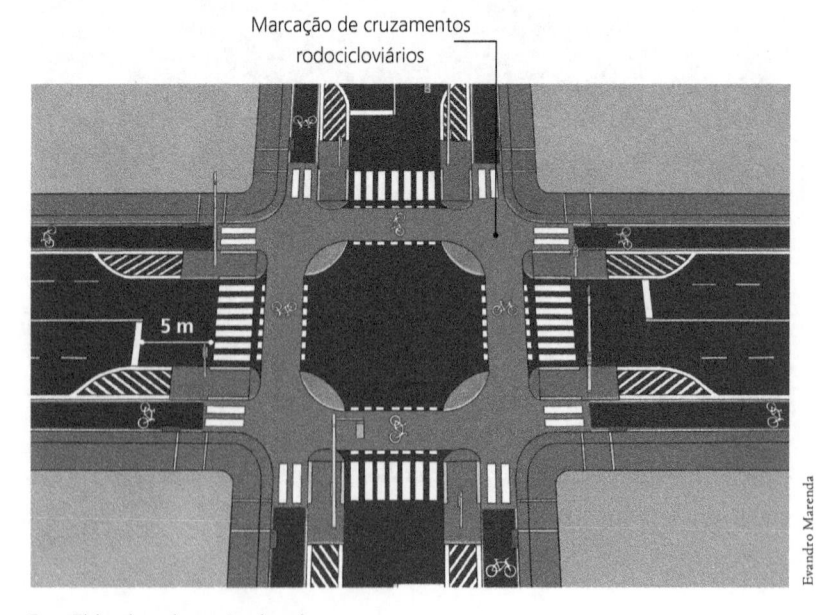

Fonte: Elaborado com base em Brasil, 2016b, p. 35.

A **continuidade** é outra premissa importante e, de forma similar ao que se aplica às calçadas para pedestres, a infraestrutura destinada ao ciclista deve ser livre de obstáculos, como postes, placas e árvores.

Figura 4.13 – Continuidade

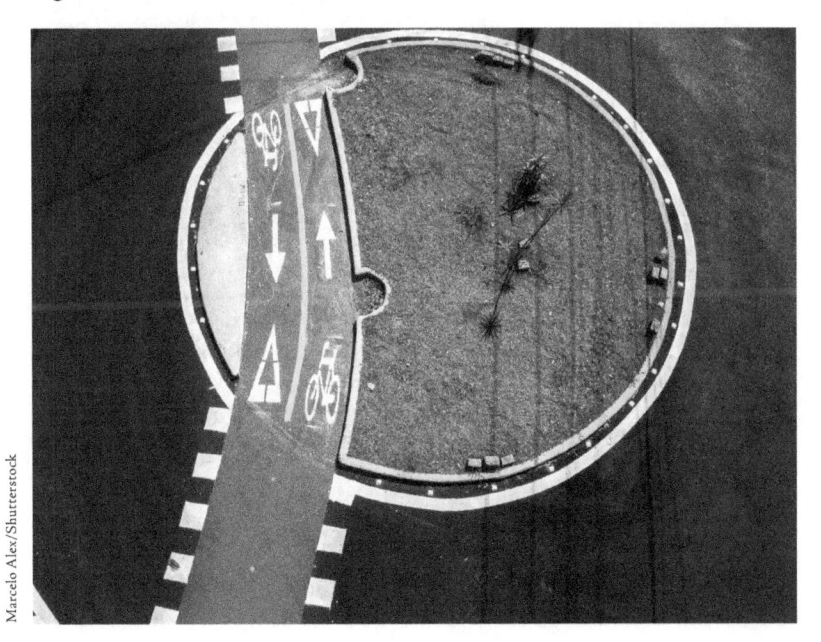

Marcelo Alex/Shutterstock

No quesito **integração com outros modais**, para que essa integração seja de fato efetivada, é preciso implantar estruturas de apoio para os ciclistas, como bicicletários e paraciclos.

Figura 4.14 – Integração com outros modais

Quanto à **iluminação adequada**, de modo geral, estruturas como as ciclofaixas já compartilham a iluminação pública existente. Contudo, no caso de ciclovias com segregação das vias públicas, recomenda-se avaliar a necessidade de implantação do sistema de iluminação dedicada. Por outro lado, os **sistemas de informação** devem orientar os ciclistas no que diz respeito à localização, às direções, aos modais alternativos de mobilidade, às informações turísticas etc.

Figura 4.15 – Iluminação adequada e sistema de informação

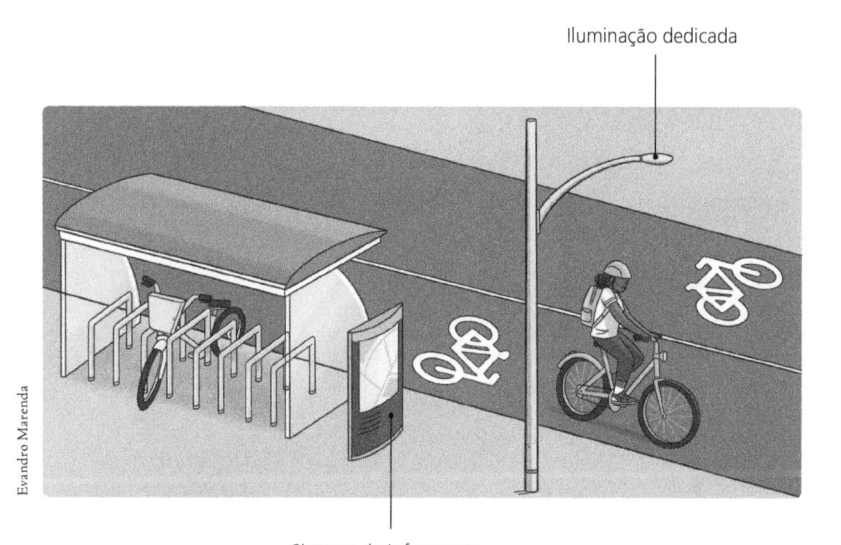

Iluminação dedicada

Sistema de informação

Fonte: Elaborado com base em Brasil, 2016b, p. 44.

Os **sistemas de paraciclos e bicicletários** são projetados para o estacionamento das bicicletas de forma segura.

Figura 4.16 – Sistemas de paraciclos

No que diz respeito à **segregação adequada dos outros meios de transporte,** a infraestrutura para o ciclista é definida em função do fluxo e da velocidade de veículos automotores, conforme pode ser observado no Gráfico 4.1.

Gráfico 4.1 – *Segregação adequada dos outros meios de transporte*

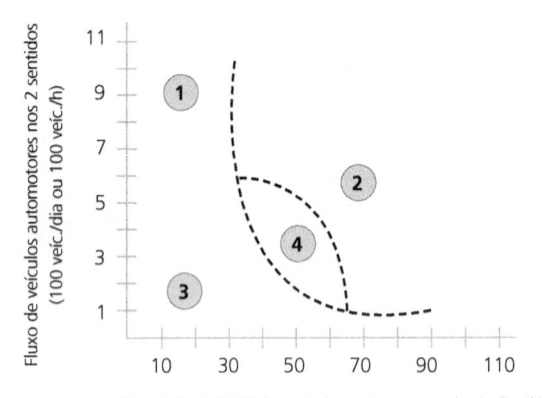

[Gráfico: eixo Y – Fluxo de veículos automotores nos 2 sentidos (100 veíc./dia ou 100 veíc./h), valores 1, 3, 5, 7, 9, 11; eixo X – Velocidade de 85% dos veículos automotores da via (km/h), valores 10, 30, 50, 70, 90, 110. Regiões numeradas: 1, 2, 3, 4.]

1. **Vias congestionadas**: inapropriadas para tráfego de ciclistas. O ideal é incentivar a escolha por vias adjacentes com menor fluxo de veículos motorizados.
2. **Ciclovias**: estrutura recomendada para vias com velocidades veiculares elevadas, onde é inapropriada a utilização da bicicleta junto à faixa de rolamento. É fisicamente segregada da via.
3. **Vias compartilhadas**: locais sem segregação, onde o ciclista compartilha a via com outros modos de transporte.
4. **Ciclofaixas**: estrutura demarcada por pintura e/ou elementos de baixa segregação, como tachões. Deve-se fiscalizar para garantir que veículos motorizados não estacionem sobre elas.

Fonte: Brasil, 2016b, p. 28.

Tendo em vista essa definição, três alternativas são concebidas para os ciclistas (excetuadas as vias congestionadas):
- **Ciclovias:** apresentam alto grau de segregação e devem estar separadas fisicamente das ruas, por meio da implantação de canteiros, muros, floreiras, entre outros.
- **Ciclofaixas:** apresentam baixo grau de segregação, compartilhando a rua existente. Essa segregação é obtida por meio de demarcação simples, como uma pintura diferenciada.
- **Vias compartilhadas sem qualquer segregação:** as ciclorrotas só são possíveis em vias de baixo fluxo de veículos e velocidade reduzida. Nesse caso, o ciclista utiliza a mesma pista dos veículos sem que haja distinção.

A Figura 4.17 ilustra os casos de segregação.

Figura 4.17 – Exemplos de segregação

A) Ciclovia

B) Ciclofaixa

C) Vias compartilhadas

Assim como no caso da infraestrutura para pedestres, é importante lembrar que os projetos devem contemplar requisitos de manutenção. Além disso, é preciso considerar que, apesar da propulsão humana, um planejamento adequado faz-se necessário com vistas à promoção de campanhas de conscientização sobre o uso correto dos equipamentos de segurança, bem como ao fornecimento de orientações a respeito das regras de trânsito.

De maneira geral, os municípios, paulatinamente, estão se adequando à PNMU, isto é, passaram a considerar que é possível melhorar a qualidade de vida das populações urbanas com a implementação de infraestrutura adequada para as diversas alternativas de mobilidade. Cabe destacar a percepção de modais complementares e integrados como tendência para o futuro das cidades.

Por fim, enfatizamos que a infraestrutura necessária tanto para os pedestres quanto para os ciclistas deve observar determinadas normas e regulamentos específicos, garantindo, assim, um adequado desempenho para os usuários do modal.

Para saber mais

Para aprofundar os estudos sobre os temas tratados neste capítulo, consulte os *Cadernos técnicos para projetos de mobilidade urbana*, desenvolvidos pelo Ministério das Cidades (atual MDR).

BRASIL. Ministério das Cidades. **Cadernos técnicos para projetos de mobilidade urbana**. Brasília, 7 dez. 2016a. Disponível em: <https://wribrasil.org.br/pt/publicacoes/cadernos-tecnicos-para-projetos-de-mobilidade-urbana>. Acesso em: 28 set. 2020.

Consultando a legislação

+ Lei n. 14.771, de 17 de dezembro de 2015, que dispõe sobre a revisão do Plano Diretor de Curitiba.

Síntese

A PNMU, como vimos, aborda o transporte ativo de forma prioritária e incentiva sua aplicação, principalmente no que se refere aos pedestres e aos ciclistas.

A tendência nos grandes centros urbanos, em face dos benefícios esperados, é a de um aumento cada vez maior do uso de modais não motorizados, pois há uma expectativa de melhoria da qualidade de vida, de diminuição dos congestionamentos e de gases tóxicos na atmosfera, além, claro, da redução de despesas com sistema de saúde, visto que as pessoas estarão exercendo atividades físicas regulares.

Por outro lado, destacamos que, para o efetivo incentivo desse meio de mobilidade urbana, são necessárias ações que promovam a implantação, a reestruturação e a requalificação de infraestruturas para pedestres e ciclistas (novas ou preexistentes). Assim, percebemos, por meio dos requisitos técnicos apresentados, que os projetos de mobilidade urbana demandam soluções técnicas que têm de ser priorizadas. Nesse sentido, a intermodalidade é um fator determinante para que a mobilidade urbana obtenha êxito, pois a complementaridade dos meios de locomoção e transporte é vital nos centros urbanos.

Questões para revisão

1. Sobre a nova PNMU, assinale a alternativa correta:
   a. A PNMU esclarece que, apesar de trazer benefícios para a saúde de quem o pratica, o transporte ativo não contribui significativamente para a qualidade de vida das cidades.
   b. Essa política entende que a melhor forma de incentivar o transporte ativo é diminuindo a oferta de outros meios de transporte.

c. A PNMU está alinhada com estudos que indicam que o transporte ativo traz benefícios para a saúde da população e melhora a qualidade de vida nos centros urbanos, pois promove uma significativa diminuição de gases tóxicos na atmosfera.

d. Essa política nao traz avanços significativos para a mobilidade urbana, visto que diversos conceitos já foram aplicados de forma adequada na gestão urbana das cidades.

e. A PNMU foi elaborada com base em conceitos antigos, os quais, hoje, não retratam mais a realidade do Brasil.

2. No que diz respeito ao transporte ativo, analise as alternativas a seguir e assinale a **incorreta**:

a. Andar a pé ou de bicicleta é considerado um meio de transporte ativo, pois depende da propulsão humana.

b. Políticas públicas de transporte e planejamento de mobilidade urbana, quando preocupadas com o bem-estar das pessoas, podem estimular naturalmente o transporte ativo.

c. Carros e ônibus elétricos são considerados meios de transporte ativos, pela baixa emissão de CO_2 na atmosfera.

d. O Programa Blue Zones, criado pelo escritor Dan Buettner, trata de melhorar ou otimizar as ruas, construindo ou aperfeiçoando calçadas, ciclovias, espaços públicos e caminhos alternativos, a fim de garantir mais segurança aos deslocamentos a pé ou por outros meios de transporte ativo.

e. Andar a pé pode ser considerado um transporte ativo complementar a todo meio de transporte, pois pequenos deslocamentos são necessários para o acesso aos diversos tipos de sistemas.

3. A legislação municipal que trata especificamente da mobilidade urbana esclarece que:
   a. cabe aos municípios adequar a legislação municipal com base na nova PNMU.
   b. a PNMU foi desenvolvida por equipes multidisciplinares e já existem diversas soluções prontas. Com base nisso, os municípios devem buscar recursos para implementar tais projetos.
   c. a maioria dos municípios brasileiros já conta com legislação específica voltada à mobilidade urbana e, portanto, não há grandes desafios para a atualização da legislação municipal.
   d. a legislação municipal relativa à mobilidade urbana não precisa estar em conformidade com as premissas do plano diretor da cidade, pois não há relação entre esses instrumentos.
   e. a legislação municipal é opcional. Nesse sentido, podem-se aplicar as novas soluções em conformidade com a legislação federal.

4. Mencione pelo menos três requisitos técnicos que têm de ser observados na elaboração de um projeto de calçadas.

5. Com relação aos ciclistas, qual é a condição necessária para a implantação de vias compartilhadas, ou seja, aquelas nas quais não há segregação?

Questões para reflexão

1. Vimos que o transporte ativo pode promover diversos benefícios para as pessoas e para as cidades. Um modo eficiente de promover o incentivo a esse modal é por meio da implantação e/ou adequação da infraestrutura urbana ao transporte ativo de forma integrada aos demais sistemas, facilitando-se, assim, o deslocamento das pessoas de maneira segura. Tendo isso em vista, sugerimos que você avalie se o ambiente urbano onde vive incentiva ou não o transporte ativo.

2. Observe, em sua cidade, a infraestrutura destinada aos pedestres e aos ciclistas. Depois, avalie o nível de atendimento aos requisitos técnicos propostos.

capítulo cinco

Projetos de mobilidade urbana para modais ativos e veículos

Conteúdos do capítulo:

+ Modais ativos.
+ Veículos diversos.

Após o estudo deste capítulo, você será capaz de:

1. discorrer sobre os projetos de mobilidade urbana relativos aos modais ativos;
2. discorrer sobre os projetos de mobilidade urbana relativos a veículos diversos.

Neste capítulo, abordaremos temas relacionados aos modais ativos, como patinetes elétricos e bicicletas, buscando apresentar algumas características relevantes ao seu desempenho no contexto das cidades. Além disso, trataremos dos sistemas de mobilidade predominantes no Brasil, bem como de suas respectivas alternativas, a fim de mostrar alguns atributos determinantes para a implementação e a consolidação de certos sistemas em detrimento de outros.

5.1 *Diferentes modais ativos*

Nos últimos anos, novas alternativas de mobilidade urbana têm surgido nos mais diversos lugares, como é o caso do recente compartilhamento de patinetes elétricos e de bicicletas.

Nesse sentido, é possível perceber uma tendência que se deve, em grande parte, a avanços tecnológicos. Contudo, paralelamente, cria-se a necessidade de adequação dos centros urbanos aos novos modais, pois estes têm de dispor de infraestrutura adequada ao uso, devendo ser contemplados quesitos como segurança viária, compartilhamento de vias, áreas de estacionamento e sinalizações.

Essas inovações trazem desafios tanto para os gestores de mobilidade quanto para os usuários e a população de modo geral. Portanto, ações voltadas para a segurança, a educação e a adequação da infraestrutura devem ser definidas por meio de estudos, políticas públicas e constante diálogo com a comunidade.

No Brasil, o município de São Paulo, de forma pioneira, já trilha os primeiros passos nesse sentido, com a publicação do Decreto n. 58.750, de 13 de maio de 2019 (São Paulo, 2019), que definiu, provisoriamente, critérios para a regulamentação dos novos sistemas. De acordo com o art. 1º, esse decreto "dispõe sobre a regulamentação provisória do serviço de compartilhamento e do uso de patinetes, ciclos e similares elétricos de mobilidade individual autopropelidos, acionados por plataformas digitais, nas vias do Município de São Paulo" (São Paulo, 2019). Esse instrumento legal torna-se um marco para a regulação do modal, bem como para a busca do equilíbrio com relação a interesses, necessidades e aspirações dos envolvidos, pois fomenta debates, estudos e diálogos para a evolução do sistema. Como exemplo de discussão construtiva, destacamos o ponto de vista da empresa Grow, pioneira na implantação desses novos sistemas no Brasil.

De acordo com artigo publicado no *site* Startupi*, a empresa apresenta o seguinte posicionamento:

> "A regulamentação traz pontos importantes para a segurança e convivência dos usuários e não usuários de micromobilidade em São Paulo. Vemos que a proibição da circulação de patinetes nas calçadas e a liberação do uso dos equipamentos em vias com velocidade máxima de até 40 km/h como medidas importantes. No entanto, acreditamos que existem soluções melhores do que a obrigatoriedade do uso do capacete e a aplicação de multas a empresas operadoras e usuários. Mais eficiente do que obrigar o capacete é reduzir o limite de velocidade das

✦ ✦ ✦

* O Startupi é um portal de conteúdo focado em pequenas e médias empresas (PMEs) e *startups* sobre inovação, investimentos, empreendedorismo e tecnologia. Criado em 2008, foi pioneiro no segmento de *startups* no Brasil e colaborou para a construção do ecossistema brasileiro de *startups*, informando e educando o mercado sobre o que eram essas empresas e como viriam a se tornar tão importantes. Ao longo dos anos, o Startupi recebeu diversos aportes de capital, consolidou-se no mercado e tem apoiado as mais diversas iniciativas e programas de fomento ao empreendedorismo e inovação no Brasil, além de agregar conhecimentos e inspirar a todos que têm espírito inovador. Em 2011, recebeu aporte de capital do fundo RedPoint Ventures e de um grupo de 30 investidores-anjo liderados pelas Anjos do Brasil. Em 2015, foi vendido para o grupo BEATS Brasil e tem como desafio ganhar capilaridade nacional e internacional. Em 2016, criou a unidade de Treinamento e Capacitação para Investidores e Gestores de Inovação de grandes empresas.

vias de todos os modais, melhorar a infraestrutura cicloviária e educar o usuário.

Estamos nos mobilizando com ações de educação de usuários nas ruas das cidades e também por meio dos nossos aplicativos. Entendemos que multa não é o melhor caminho para educar o usuário. E não se muda uma cultura em 15 dias. Nossa sugestão para que as novas regras sejam cumpridas é bloquear usuários reincidentes no descumprimento das regras até que passem por um treinamento de pilotagem segura. A Grow está disposta a colaborar neste sentido.

Desta forma ampliamos a educação do usuário e evitamos uma nova indústria da multa. A terceirização da multa para as empresas de aplicativo é ineficaz e coloca em risco a oferta de micromobilidade não só de patinetes como de outros modais na cidade. São Paulo é a maior e mais influente cidade do Brasil e tem a oportunidade de liderar o avanço da micromobilidade em todo o Brasil."
(Startupi, 2019)

Startupi - startupi.com.br

É importante notar que, para o aprimoramento desses sistemas de transporte, estão sendo promovidas discussões tanto pela iniciativa privada, a qual encontrou um excelente nicho de mercado na busca por alternativas eficientes de mobilidade urbana, como pelas autoridades competentes, que, por meio da criação de políticas públicas, buscam disciplinar o tema em conjunto com a sociedade, almejando conquistar benefícios para a mobilidade urbana das cidades.

Dando sequência aos projetos voltados aos modais ativos, é válido destacar o modelo desenvolvido e implementado na cidade de Portland, nos EUA. Lá, os novos sistemas tiveram início no ano de 2017, e é admirável constatar que a cidade disponibilizou para a população um relatório farto de informações relativas ao novo modelo de mobilidade. Além disso, também se adequou à legislação existente e desenvolveu um projeto-piloto com vistas à aquisição de dados consistentes para as futuras tomadas de decisão, tudo isso em pouco mais de um ano.

> *Para saber mais*
>
> Recomendamos que você acesse o relatório, disponibilizado à população de Portland, sobre o uso dos novos modais ativos na cidade e a adequação necessária a essas alternativas. Para tanto, consulte o *link* indicado a seguir.
> THE CITY OF PORTLAND. 2018 E-Scooter Findings Report. 15 jan. 2019. Disponível em: <https://www.portlandoregon.gov/trans portation/78431>. Acesso em: 28 set. 2020.

Entre os apontamentos registrados nesse relatório, destacamos os seguintes objetivos:

1. Reduzir o congestionamento de tráfego, substituindo viagens com veículos motorizados de uso privado;
2. Prevenir acidentes e ferimentos graves nas ruas de Portland;
3. Expandir o acesso às novas opções de transporte para portlandenses desassistidos;
4. Reduzir a poluição do ar, incluindo a poluição climática. (The City of Portland, 2019, tradução nossa)

Vale dizer, ainda, que esse relatório foi divido em seis partes: (1) sumário executivo; (2) contexto e referências do novo sistema de mobilidade; (3) apresentação do projeto-piloto; (4) programas de educação e engajamento da população; (5) orientações para os usuários de patinetes; e (6) conclusões e recomendações.

Desse exemplo depreendemos que as ações proativas tendem a encontrar soluções rápidas e eficazes para atingir os objetivos almejados. Podemos perceber que os objetivos buscados pela cidade de Portland, apesar de simples e diretos, não divergem daqueles apresentados na Política Nacional de Mobilidade Urbana (PNMU) brasileira.

5.2 Veículos diversos

Em consonância com os objetivos apresentados na PNMU, cabe tratar, agora, dos serviços de transporte público coletivo, igualmente prioritários no tocante à mobilidade urbana.

No Brasil, há uma preponderância do modelo rodoviário sobre os demais. Aliado a isso, encontra-se, no mercado brasileiro, uma indústria automobilística sólida que estimula o transporte individual.

Pena (2013) apresenta os seguintes dados e considerações:

> A principal causa dos problemas de mobilidade urbana no Brasil relaciona-se ao aumento do uso de transportes individuais em detrimento da utilização de transportes coletivos, embora esses últimos também encontrem dificuldades com a superlotação. Esse aumento do uso de veículos como carros e motos deve-se:
> a) à má qualidade do transporte público no Brasil;
> b) ao aumento da renda média do brasileiro nos últimos anos;
> c) à redução de impostos por parte do Governo Federal sobre produtos industrializados (o que inclui os carros);
> d) à concessão de mais crédito ao consumidor;
> e) à herança histórica da política rodoviarista do país.

Ainda, Pena (2013) aponta que, segundo dados do Observatório das Metrópoles, no período entre os anos de 2002 e 2012, "enquanto a população brasileira aumentou 12,2%, o número de veículos registrou um crescimento de 138,6%". Diante desse levantamento, constatou-se que, no Brasil, há cidades que apresentam uma média inferior a dois habitantes para cada carro, o que inviabiliza a maioria das medidas para a garantia de um sistema de transporte mais eficiente.

Tabela 5.1 – *Capitais brasileiras com a maior quantidade de carros por habitante*

Cidade	Habitantes por veículo (2013)
Curitiba	1,82
Florianópolis	2,14
Belo Horizonte	2,22
São Paulo	2,34
Goiânia	2,43
Brasília	2,50
Porto Alegre	2,53

Fonte: Pena, 2013.

Esses dados mostram o tamanho dos desafios que a PNMU deverá enfrentar nos próximos anos. Para que os objetivos sejam alcançados, é preciso que haja uma mudança na cultura relacionada ao transporte coletivo, pois este deve ser prioritário em relação ao individual. Além disso, é necessário o desenvolvimento de projetos integrados de transporte público que contemplem as diversas alternativas existentes (metrô, BRT (*Bus Rapid Transit*), VLT (veículo leve sobre trilhos), VLP (veículo leve sobre pneus), ônibus etc.).

É consensual a ideia de que o metrô é uma alternativa que traz diversas vantagens se comparado com o modelo rodoviário, e até mesmo em relação ao BRT, pois apresenta (a) baixa emissão de poluentes; (b) altíssima regularidade; (c) alta capacidade de transporte de passageiros por área de infraestrutura necessária; (d) diminuição de acidentes; (e) conforto e segurança etc. Contudo, também é válido lembrar que esse modal apresenta igualmente várias desvantagens, como altos investimentos para sua implantação, grandes impactos de obras em áreas antropizadas, entre outros fatores.

No tocante aos aspectos de engenharia, é válido elencar alguns elementos técnicos básicos que, em linhas gerais, devem compor um projeto metroviário. São eles:

I. capacidade do sistema projetada;
II. previsão de expansão para aumento de capacidade;
III. rampa máxima;
IV. bitola da linha (largura dos trilhos);
V. raios mínimos de curvas verticais e horizontais;
VI. metodologias de execução da linha;
VII. velocidade de projeto;
VIII. interface com os demais sistemas de transporte existentes;
IX. interferências de traçado;
X. aspectos geológicos.

Os itens listados têm impacto direto nos custos de implantação da linha, na operação, na manutenção e na eficiência do sistema. Por isso, comumente, são objetos de estudos elaborados por equipes multidisciplinares.

Citemos, agora, um exemplo de projeto de mobilidade urbana de um sistema de metrô: o projeto do Metrô de Curitiba – 2014, proposto pela Prefeitura de Curitiba e desenvolvido pelo Instituto de Pesquisa e Planejamento Urbano de Curitiba (Ippuc). Vale observar que todos os estudos, projetos, especificações e alternativas de apoio financeiro estão acessíveis no sítio da Prefeitura Municipal de Curitiba (Curitiba, 2020), no qual podem ser encontrados os anexos de licitação, que tratam largamente das questões envolvendo o projeto do metrô.

> *Para saber mais*
>
> Recomendamos que você acesse o documento indicado a seguir para conhecer melhor o projeto do Metrô de Curitiba – 2014 e suas complexidades de implementação.
>
> CURITIBA. Prefeitura. Secretaria Municipal de Planejamento, Finanças e Orçamento. **Licitação do Metrô de Curitiba – 2014**. Disponível em: <https://www.curitiba.pr.gov.br/conteudo/licitacao-do-metro-de-curitiba-2014/740>. Acesso em: 28 set. 2020.

Quando se analisam, mesmo que superficialmente, os resultados obtidos em um trabalho como este, é possível notar que viabilizá-los constitui um grande desafio operacional, tecnológico e financeiro, razão pela qual soluções como estas ainda permanecem restritas às grandes metrópoles mundiais.

Cabe ressaltar que um dos objetivos a serem alcançados por projetos dessa natureza é sua integração ao ambiente urbano de forma adequada e inteligente, o que exige a atenção a diversas áreas do conhecimento.

Portanto, para viabilizar projetos desse tipo, é necessário que, além da vontade política, haja envolvimento da população, profissionais capacitados, sintonia entre governantes e continuidade dos projetos, os quais devem integrar planos de Estado, e não de "governo", pois são construções de médio e longo prazo. Em linhas gerais, trata-se de projetos que demandam prazos de maturação relativamente grandes, o que significa dizer que, em muitos casos, se iniciam no mandato de um gestor e são finalizados no mandato de outro.

Embora, nos últimos anos, tenham surgido novos modos de mobilidade urbana, a fim de que os benefícios para as cidades e seus cidadãos sejam efetivos, é preciso promover ações e campanhas que disciplinem o novo modal. Além disso, deve-se buscar equilíbrio entre os interesses dos evolvidos e a compatibilização com a infraestrutura preexistente nas cidades.

Por fim, quanto aos modais de transporte não ativos, vimos que há uma grande gama de alternativas, as quais devem ser pensadas de forma integrada para que haja eficiência dos modais. Além disso, é fundamental considerar as complexidades que envolvem tais projetos, pois sua materialização depende de altos investimentos, de uma vontade pública e da participação ativa tanto dos gestores de mobilidade quanto da população.

Consultando a legislação

+ Decreto Municipal n. 58.750, de 13 de maio de 2019 (São Paulo), que dispõe sobre a regulamentação provisória do serviço de compartilhamento e do uso dos equipamentos de mobilidade individual autopropelidos, patinetes, ciclos e similares elétricos ou não, acionados por plataformas digitais.

Síntese

Neste capítulo, destacamos que há uma tendência voltada ao surgimento de alternativas de mobilidade urbana com o intuito de facilitar os deslocamentos diários nas grandes cidades, em grande parte devido aos avanços da tecnologia nos últimos anos, que viabilizaram o acesso aos novos serviços. Por outro lado, surgem novos desafios: a gestão pública precisa ordenar e disciplinar essas novas alternativas, criando dispositivos legais; de outra parte, é preciso que haja um envolvimento efetivo dos usuários e das empresas provedoras do serviço para que os novos sistemas estejam adaptados às diversas demandas, relativas a aspectos de cunho legal ou concernentes a questões de uso, segurança ou mesmo convivência e integração com outros meios.

Também vimos alguns exemplos de sistemas de mobilidade urbana voltados para o transporte coletivo, atentando para a complexidade desses projetos, os quais requerem estudos detalhados e tempo para maturação e viabilização tanto técnica quanto financeira. Por isso, defendemos que esse tipo de construção tem de ser objeto de planos de Estado, pois, por vezes, são necessários períodos superiores a um mandato de governo para sua completa realização.

Questões para revisão

1. Com relação às novas alternativas de mobilidade urbana, assinale a alternativa correta:

    a. Todas as alternativas de mobilidade urbana se adaptam bem às cidades, pois grande parte da infraestrutura existente é própria para novos modais.

    b. Não há conflito entre as alternativas de mobilidade urbana e os demais meios de transporte, pois os usuários estão aptos a utilizar os novos sistemas de forma intuitiva.

    c. As alternativas de mobilidade urbana têm surgido, nos últimos anos, em grande parte devido aos avanços tecnológicos.

    d. Quando o assunto diz respeito aos novos modais de mobilidade urbana, a adequação da legislação é opcional, pois não há necessidade de criação de regras para exploração dos serviços, nem mesmo para garantir a segurança dos usuários ou a interface com outros modais.

    e. A participação conjunta da sociedade, dos agentes públicos e das empresas privadas não colabora para a consolidação de novos sistemas de mobilidade urbana.

2. Sobre os diversos veículos de transporte coletivo, assinale a alternativa **incorreta**:
   a. Existem diferentes tipos de veículos para o transporte coletivo de passageiros.
   b. Ônibus, metrô, BRT, VLT e VLP são todos exemplos de veículos de transporte coletivo.
   c. Projetos de sistemas de transporte coletivo demandam diversos estudos, que devem ser elaborados por equipes multidisciplinares.
   d. Projetos de sistemas de transporte coletivo normalmente demandam pouco tempo para elaboração e são de rápida implantação.
   e. Veículos de transporte coletivo devem ter prioridade sobre veículos de transporte individual.

3. Analise as afirmações a seguir quanto às características do metrô e marque (V) para verdadeiro e (F) para falso:
   I. É um sistema com baixa regularidade.
   II. Tem custos de implantação mais baixos se comparado a outros modais de transporte coletivo.
   III. Apresenta alta capacidade de transporte de passageiros por área de infraestrutura necessária.
   IV. É um sistema que só apresenta vantagens, se comparado aos demais.
   V. Demanda projetos de baixa complexidade, viáveis na maiorias das cidades.
   Agora, assinale a resposta correta:
   a. Somente as afirmações I, II e III são verdadeiras.
   b. Somente as afirmações II e IV são verdadeiras.
   c. Somente a afirmação III é verdadeira.
   d. Todas as afirmações são falsas.
   e. Todas as afirmações são verdadeiras.

4. Com base no conteúdo deste capítulo, responda: Qual é o modelo de transporte predominante no Brasil?

5. Cite pelo menos três vantagens do sistema de metrô.

Questões para reflexão

1. Novas alternativas são bem-vindas para as cidades, mas devem ser alvo de ajustes constantes entre agentes públicos, empresas privadas, usuários e população de modo geral, a fim de se conseguir uma implantação correta dos novos modais, sem que haja conflito com aqueles já existentes. Para tanto, devem-se adequar os regulamentos e a infraestrutura para atender ao novo modelo de locomoção de forma participativa e proativa. Além disso, é fator determinante, para o êxito do projeto, a disseminação de informações relativas às novas regras de utilização dos modais, evitando-se, assim, conflitos diversos. Tendo isso em vista, avalie como seu município tem tratado as questões de mobilidade urbana e suas respectivas alternativas.

2. Avalie qual é o modelo de transporte predominante em sua cidade e apresente alternativas a essa opção.

✦ ✦ ✦

capítulo seis

Projetos de mobilidade urbana e a estrutura das cidades

Conteúdos do capítulo:

- Estrutura das cidades.
- Demanda e consumo de espaços para a implantação de infraestrutura de mobilidade urbana.
- Exemplos de projetos de mobilidade urbana.

Após o estudo deste capítulo, você será capaz de:

1. discorrer sobre os projetos de mobilidade urbana no tocante à demanda e ao consumo de espaço para acomodação da infraestrutura;
2. apontar exemplos de projetos de mobilidade urbana.

Neste capítulo, abordaremos os conceitos relativos à estrutura das cidades. Para tanto, identificaremos a relação de demanda e consumo de espaços para a inserção dos diversos tipos de modais de transporte necessários para atender às necessidades de mobilidade urbana. Por fim, apresentaremos alguns exemplos práticos de projetos, desenvolvidos no Brasil, que estão voltados para a mobilidade urbana.

6.1 *Estrutura das cidades: demanda e consumo de área urbana*

Um dos grandes desafios para os centros urbanos é o desenvolvimento de uma infraestrutura que acomode os diversos sistemas de mobilidade urbana existentes. É importante ter em mente que as cidades são áreas delimitadas politicamente e constituídas por espaços limitados. Portanto, não é possível conceber uma ideia de crescimento ilimitado, devendo-se planejar o uso dos espaços disponíveis de maneira adequada.

Por *infraestrutura urbana* entende-se toda a estrutura apta a receber um ou mais modos de transporte, como ruas, rodovias, calçadas, pontes, viadutos, trilhos, ciclovias, ciclofaixas e trincheiras.

♦ Por *infraestrutura urbana* entende-se toda a estrutura apta a receber um ou mais modos de transporte, como ruas, rodovias, calçadas, pontes, viadutos, trilhos, ciclovias, ciclofaixas e trincheiras. ♦

♦ É fundamental compreender que cada sistema demanda, para sua correta utilização, uma quantidade específica da infraestrutura de área urbana, sendo que uns mais e outros menos. Nessa perspectiva, é interessante que sejam priorizados sistemas que transportem o maior número de pessoas com a menor taxa de ocupação possível, sendo possível, dessa maneira, aproveitar melhor os espaços das cidades. ♦

Um estudo desenvolvido pelo escritório de arquitetura Bjarke Ingels Group (BIG) para a Audi apresenta alguns números reveladores (BIG, 2019). Como já vimos, no Brasil, assim como ocorre em outros países ao redor do mundo, há uma predominância do modelo rodoviário, bem como do transporte individual em carros particulares. A problemática desse sistema gira em torno do fato de que as "cidades dos carros" demandam grandes áreas.

Figura 6.1 – Relação de consumo de área por veículo

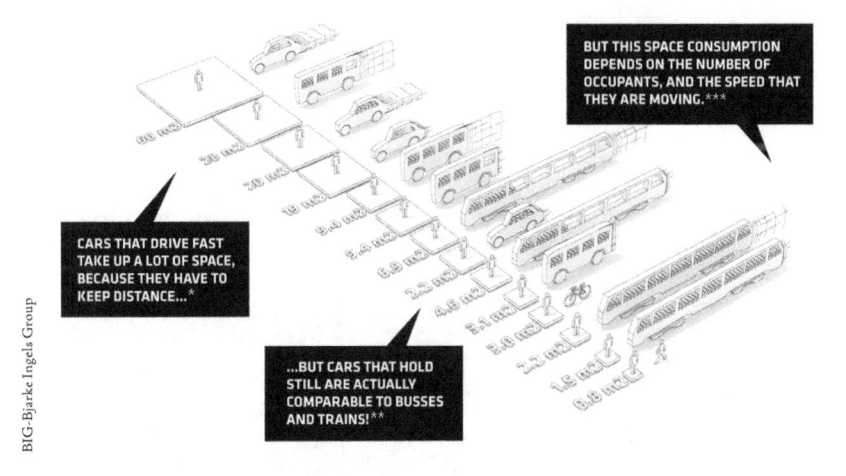

BUT THIS SPACE CONSUMPTION DEPENDS ON THE NUMBER OF OCCUPANTS, AND THE SPEED THAT THEY ARE MOVING.***

CARS THAT DRIVE FAST TAKE UP A LOT OF SPACE, BECAUSE THEY HAVE TO KEEP DISTANCE...*

...BUT CARS THAT HOLD STILL ARE ACTUALLY COMPARABLE TO BUSSES AND TRAINS!**

Fonte: BIG, 2019.

Agora, pensemos no exemplo fornecido pelo BIG a respeito da interseção de uma autoestrada em Los Angeles (EUA), a qual consome uma área equivalente à cidade de Copenhague, em 1850.

✦ ✦ ✦

* Veículos em alta velocidade ocupam muito espaço, visto que devem manter certa distância (BIG, 2019, tradução nossa).
** Mas os veículos que não estão em movimento podem ser comparados com ônibus e trens (BIG, 2019, tradução nossa).
*** Mas a consumação desse espaço depende do número de ocupantes e da velocidade com que eles estão se movendo (BIG, 2019, tradução nossa).

Figura 6.2 – Interseção de uma autoestrada em Los Angeles

Fonte: BIG, 2019.

Figura 6.3 – Área ocupada pela interseção de uma autoestrada em Los Angeles

Fonte: BIG, 2019.

✦ ✦ ✦

* A cidade dos veículos (BIG, 2019, tradução nossa).
** A infraestrutura para veículos demanda muito espaço! (BIG, 2019, tradução nossa).
*** Se compararmos o tamanho da interseção de uma rodovia... (BIG, 2019, tradução nossa).

A Figura 6.3 destaca a área ocupada pela interseção de uma autoestrada em Los Angeles, e a Figura 6.4 apresenta o cotejo entre essa área e a correspondente à cidade de Copenhague (Dinamarca) em 1850.

Figura 6.4 – Autoestrada em Los Angeles comparada com a cidade de Copenhague em 1850

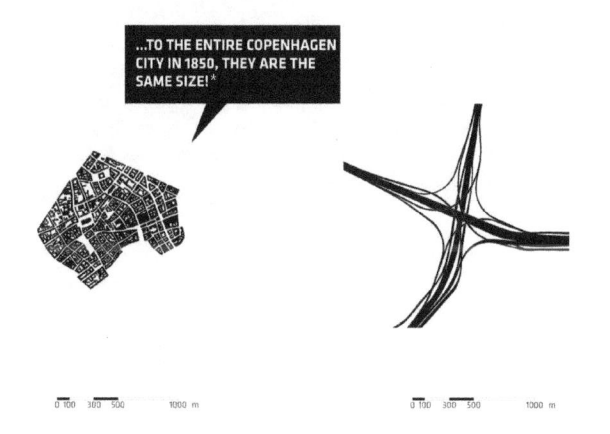

Fonte: BIG, 2019.

Com base nisso, é possível perceber que o sistema de transporte individual em veículo motorizado é pouco eficiente, além de prejudicial às cidades. Ao constatar a relação entre o consumo e a área para implantação de infraestrutura, é fácil notar que o modelo do transporte coletivo de massa conduz a um melhor aproveitamento do espaço urbano, pois essa racionalização libera grandes áreas das cidades.

Vejamos, novamente, um exemplo extraído do estudo efetuado pelo BIG, agora relativo a uma comparação entre as cidades de Barcelona e de Moscou. Em Barcelona, deparamo-nos com uma estrutura planejada e otimizada pelos urbanistas para a circulação de veículos automotores, com evidente comprometimento do transporte ativo da população.

✦ ✦ ✦

* ...com toda a cidade de Copenhague em 1850, elas têm o mesmo tamanho! (BIG, 2019, tradução nossa).

Figura 6.5 – Barcelona

Fonte: BIG, 2019.

Em Moscou, onde o transporte coletivo foi priorizado, vemos que existe um melhor aproveitamento dos espaços públicos, tornando-os mais humanizados e apropriados para a mobilidade ativa e para o lazer.

Figura 6.6 – Moscou

Fonte: BIG, 2019.

◆ ◆ ◆

* A cidade dos veículos automotores (BIG, 2019, tradução nossa).

** As vias são planejadas por urbanistas e otimizadas para veículos automotores (BIG, 2019, tradução nossa).

*** A cidade do transporte público (BIG, 2019, tradução nossa).

**** Estas não são vias, são parques! (BIG, 2019, tradução nossa).

Prosseguindo com o tema do consumo de áreas para implantação de infraestrutura, no tocante aos aspectos técnicos, devemos destacar a variável **velocidade**.

Diretrizes maiores requerem menor número de acessos, mantendo-se, assim, a velocidade constante por distâncias maiores. Todavia, isso também demanda maior consumo de espaço, pois estruturas mais complexas precisam ser desenvolvidas com esse propósito.

Além disso, são necessários raios de curvas horizontais e verticais maiores, considerando-se, ainda, que a distância de segurança entre os veículos deve aumentar conforme a velocidade. O estudo do BIG apresentou essa relação entre o consumo de espaço necessário e as estruturas de acesso, o que pode ser visto na Figura 6.7.

Figura 6.7 – *Quantidade de espaço necessário para estradas de diferentes velocidades*

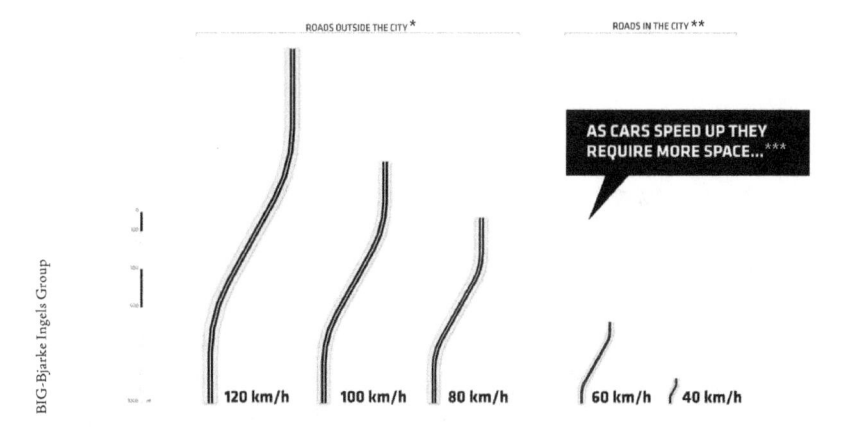

Fonte: BIG, 2019.

O conceito relativo à velocidade explica por que, em algumas situações e em determinadas cidades, opta-se por reduzir a velocidade das vias. Com velocidades menores, é possível diminuir

♦ ♦ ♦

* Vias fora da cidade (BIG, 2019, tradução nossa).
** Vias urbanas (BIG, 2019, tradução nossa).
*** À medida que os veículos aumentam sua velocidade, eles requerem mais espaço... (BIG, 2019, tradução nossa).

as distâncias entre veículos, aumentando, assim, a eficiência das vias urbanas, já que o consumo de área por veículo diminui.

Como exemplo de estruturas complexas destinadas a soluções de interseções rodoviárias, a Figura 6.8 apresenta algumas alternativas nas quais é possível notar o grau de complexidade envolvido em projetos que buscam soluções mais eficientes para o fluxo de veículos.

Figura 6.8 – Alternativas para interseções rodoviárias

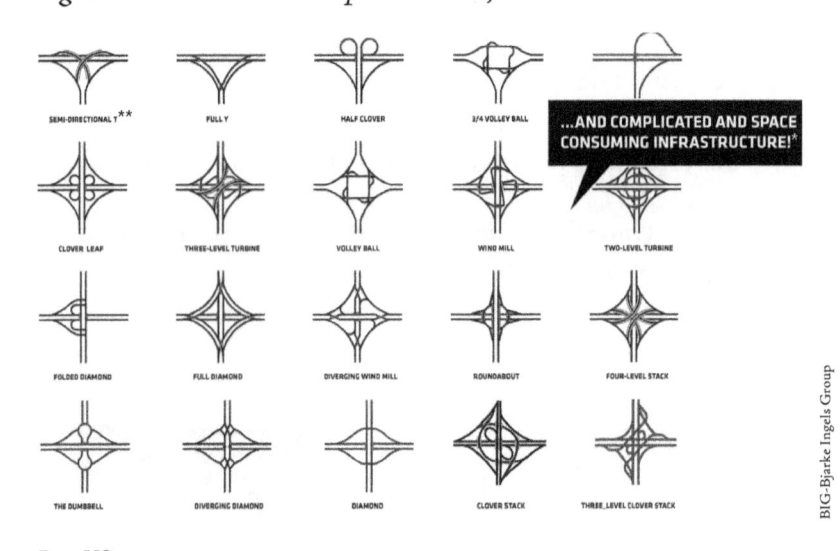

Fonte: BIG, 2019.

Até aqui, vimos que algumas características, como o tipo de transporte – se individual ou coletivo – e a velocidade dos projetos de vias – sejam elas rodoviárias ou ferroviárias –, são determinantes para a definição da eficiência dos sistemas. Além disso, destacamos a relação direta com o consumo de espaço urbano, de acordo com a solução adotada. Dando sequência a esse estudo, apresentaremos a seguir alguns projetos desenvolvidos no Brasil nos últimos anos.

◆ ◆ ◆

* ...e infraestrutura complicada e que demanda muito espaço! (BIG, 2019, tradução nossa).
** A tradução de cada interseção rodoviária foi realizada da esquerda para a direita, no sentido horizontal e por linha, sendo: Semi-direcional T, Completamente, Meio trevo, ¾ Bola de vôlei, Folha de trevo, Turbina três níveis, Bola de vôlei, Moinho, Turbina dois níveis, Diamante dobrado, Diamante total, Moinho divergente, Rotatória, Pilha quatro níveis, Alteres, Diamante divergente, Diamante, Pilha trevo, Pilha trevo três níveis (BIG, 2019, tradução nossa).

6.2 Estrutura das cidades: exemplos de projetos de mobilidade urbana

No Brasil, no ano de 2007, foi criado o Programa de Aceleração do Crescimento (PAC), com o objetivo de planejar e executar grandes obras em diversas áreas. No sítio do Ministério do Planejamento, consta que o PAC

> promoveu a retomada do planejamento e execução de grandes obras de infraestrutura social, urbana, logística e energética do país, contribuindo para o seu desenvolvimento acelerado e sustentável.
>
> Pensado como um plano estratégico de resgate do planejamento e de retomada dos investimentos em setores estruturantes do país, o PAC contribuiu de maneira decisiva para o aumento da oferta de empregos e na geração de renda, e elevou o investimento público e privado em obras fundamentais. (Brasil, 2019g)

É preciso considerar que esse programa foi fundamental para o Brasil no período de crise financeira, entre aos anos de 2008 e 2009, pois conseguiu garantir emprego e renda e, por consequência, o consumo de bens e serviços, mantendo a economia ativa. No ano de 2011, o PAC, provido de mais recursos e parcerias com estados e municípios, entrou em sua segunda fase, contemplando um número maior de obras voltadas à melhoria da qualidade de vida de diversas cidades brasileiras. Já em 2015, o programa se consolidou com uma carteira de empreendimentos expressiva e uma quantidade grande de investimentos. Assim, o desafio do PAC é "continuar apostando na conclusão dos projetos e obras de infraestrutura em todos os setores nos próximos anos [...], só assim será possível entregar a cada cidadão um país melhor para se viver" (Brasil, 2019g).

Nos anos seguintes, com a criação da Política Nacional de Mobilidade Urbana (PNMU), segundo informação obtida no sítio do Ministério do Planejamento (Brasil, 2019f), foram viabilizados, no Brasil, 177 projetos de mobilidade urbana. Na cidade de Curitiba, encontramos oito desses projetos:

1. BRT Linha Verde;
2. BRT Marechal Floriano – (Gov. Municipal);
3. Obra e projeto do BRT anel Inter II;
4. Obra e projetos de BRTs – aumento da capacidade e modernização de 10 terminais;
5. Requalificação do Terminal Santa Cândida;
6. Sistema Integrado de Monitoramento – (Gov. Municipal);
7. Via aeroporto/rodoferroviária – (Gov. Municipal);
8. Vias de integração radial metropolitanas.

Verificamos que, de oito projetos, cinco se referem ao transporte coletivo, o que evidencia que os investimentos estão alinhados com as prioridades da PNMU.

No caso específico de Curitiba, conforme dados já apresentados neste livro, vimos que a cidade tem um dos mais elevados números de carros por habitante do Brasil. Isso faz com que o tempo de deslocamento aumente e a velocidade média diminua. O sistema de transporte predominante inclui o BRT e o ônibus. No entanto, a facilidade de compra de veículos, o surgimento de alternativas como o Uber e baixos investimentos em infraestrutura – que depende quase exclusivamente de recursos provenientes da tarifa – têm comprometido a qualidade desse sistema implantado na década de 1970.

Portanto, existem grandes desafios a serem enfrentados pelos gestores responsáveis pela mobilidade urbana a fim de garantir uma melhoria significativa no sistema de mobilidade de Curitiba.

Diante do exposto, verificamos que investimentos em infraestrutura voltados para o deslocamento individual com veículo motorizado normalmente têm baixo impacto na eficiência de mobilidade. Ações estruturantes devem prever a criação de novos sistemas integrados (metrô, VLT, VLP etc.), priorizando o transporte coletivo de alta eficiência e qualidade. Além disso, outros quesitos têm de ser considerados, como a segurança pública, pois cidades seguras estimulam o transporte ativo.

✦ Ações estruturantes devem prever a criação de novos sistemas integrados (metrô, VLT, VLP etc.), priorizando o transporte coletivo de alta eficiência e qualidade. ✦

Assim, é inegável a importância da priorização do transporte coletivo sobre o individual, pois este último demanda o consumo de grandes áreas de infraestrutura, com baixa relação de pessoas transportadas. Também notamos que a nova PNMU está comprometida em modificar o cenário atual, haja vista a definição de prioridade dos meios ativos de mobilidade, bem como do transporte coletivo sobre o individual.

Por fim, cabe destacar que ainda existem muitas barreiras culturais a serem superadas, as quais atravessam questões políticas, de engajamento efetivo da população ou de fontes de captação de recurso.

Para saber mais

No sítio do Ministério do Planejamento, encontram-se disponíveis informações atualizadas relativas aos projetos de mobilidade urbana no Brasil.

BRASIL. Ministério do Planejamento. **Mobilidade urbana**. Disponível em: <http://pac.gov.br/infraestrutura-social-e-urbana/mobilidade-urbana/br/10>. Acesso em: 28 set. 2020.

Síntese

Neste capítulo, vimos que um grande desafio das cidades está em conseguir equacionar o uso racional do solo urbano. Mostramos que essa racionalização pode ser obtida ao se priorizarem os sistemas de transporte mais eficientes, como os sistemas de transporte público coletivo, que proporcionam um consumo de áreas por pessoa transportada muito inferior ao dos demais modais de transporte individual.

Destacamos, também, a importância do planejamento urbano das cidades, pois este tem relação direta com a qualidade de vida nesses lugares, visto que, a depender do modelo de mobilidade maiormente adotado, o resultado obtido pode ser favorável ou desfavorável aos habitantes.

Ainda, constatamos a complexidade da infraestrutura necessária para acomodar as interseções rodoviárias, bem como o alto consumo de área urbana. Nesse sentido, vimos que existem determinadas variáveis que impactam diretamente o consumo de espaço, como a velocidade, uma das diretrizes adotadas em projetos de infraestrutura. Por fim, apresentamos alguns exemplos concretos de mobilidade urbana viabilizados no Brasil nos últimos anos.

Questões para revisão

1. Sobre o uso e a ocupação do solo nas cidades, assinale a alternativa correta:
    a. As cidades têm capacidade de expandir sua ocupação de forma ilimitada.
    b. O uso e a ocupação do solo não requerem organização prévia, e ele pode ser utilizado conforme toda e qualquer necessidade.

c. As cidades são definidas pelo viés político. Isso quer dizer que existem áreas limitadas pelas divisas com outros municípios.

d. Nas cidades, devem ser priorizados sistemas que consomem mais espaço urbano.

e. A ocupação de grandes áreas urbanas, dotada de uma infraestrutura que contemple somente a mobilidade, proporciona cidades mais humanizadas.

2. Analise as afirmações a seguir sobre o consumo relativo de pessoa transportada/m^2 da área de infraestrutura de transporte e marque (V) para verdadeiro e (F) para falso:

I. Veículos de transporte individual, com elevadas velocidades, consomem grandes áreas por diversas razões, entre elas a distância que devem manter entre outros veículos.

II. Trens estão entre os sistemas que menos consomem áreas de infraestrutura por passageiro transportado.

III. O transporte em veículo individual está entre os mais eficientes.

IV. O consumo relativo é feito com base na quantidade de pessoas transportadas e na área necessária para a implantação da infraestrutura do modal em estudo.

V. Veículos de transporte coletivo consomem menos áreas que os veículos de transporte individual.

Agora, assinale a resposta correta:

a. Apenas as afirmações I, III e V estão corretas.
b. Apenas as afirmações II e IV estão incorretas.
c. Apenas a afirmação III está incorreta.
d. Todas as afirmações estão incorretas.
e. Todas as afirmações estão corretas.

3. Sobre a velocidade do sistema de transporte, assinale a alternativa **incorreta**:

   a. Tem forte impacto no consumo de áreas, pois, quanto maior a velocidade, maior será o consumo de infraestrutura necessária.

   b. Tem pouca relação com o consumo de áreas, pois o importante é a quantidade de passageiros transportados.

   c. Velocidades mais baixas, em alguns casos, podem diminuir os congestionamentos, pois diminuem a distância entre veículos, tornando a via mais eficiente.

   d. Sistemas de alta velocidade demandam raios de curvas maiores, conduzindo a soluções que consomem mais espaço das cidades.

   e. Sistemas de alta velocidade demandam maior grau de segregação nas vias, impactando diretamente o consumo de mais espaço urbano.

4. Com base no conteúdo deste capítulo, indique qual sistema de mobilidade urbana é capaz de tornar os espaços públicos mais humanizados.

5. Qual é o impacto do transporte em veículos individuais no uso e na ocupação do solo urbano?

Questões para reflexão

1. No exemplo apresentado com base no estudo desenvolvido pelo escritório de arquitetura Bjarke Ingels Group (BIG, 2019), percebe-se que cidades que priorizaram os sistemas de transporte coletivo conseguem obter um melhor aproveitamento dos espaços públicos, tornando-os mais humanizados e apropriados tanto para a mobilidade ativa quanto para o lazer. Investimentos voltados para o sistema de transporte coletivo, juntamente com incentivos à infraestrutura de transporte ativo, podem trazer benefícios substanciais para as cidades e seus habitantes. Em resumo, cidades mais humanizadas tendem a ser mais eficientes em termos de mobilidade, além de proporcionarem mais qualidade de vida para a população. Reflita sobre essa questão e posicione sua cidade com relação ao tema.

2. Ainda com base no transporte coletivo, enumere alguns problemas atuais que desestimulam o uso desse modelo. Em seguida, apresente proposições que estimulariam o transporte coletivo.

Considerações finais

O objetivo desta modesta obra não foi esgotar o tema da mobilidade urbana, visto que ainda existem muitas questões a serem debatidas, analisadas e aperfeiçoadas. A mobilidade urbana passa, necessariamente, por outras áreas, como a segurança pública, a saúde e a educação. Portanto, há muito o que ser discutido e estudado sob essa perspectiva.

De maneira geral, verificamos que há um esforço do Poder Público – especialmente em nível federal – para otimizar a mobilidade nos centros urbanos, por meio de diferentes medidas, como a criação de legislação e cartilhas, do uso de auxílio técnico e da subvenção de recursos. Sob essa perspectiva, notamos o relevante papel dos municípios nesse processo, pois é fundamental que considerem as diversas possibilidades de meios de transporte em seus planos de mobilidade urbana. Além disso, vimos que é preciso buscar um equilíbrio para as soluções previstas a fim de que os objetivos previamente definidos sejam plenamente alcançados. Também ficou clara a necessidade de manutenção e de atualização contínuas dos objetivos da mobilidade urbana, pois estes são dinâmicos e devem se adaptar às rápidas mudanças impostas pelo constante desenvolvimento urbano.

Assim, é importante que, em nível local, todos os interessados desenvolvam bons projetos de mobilidade urbana, que passem por ampla discussão com a população e que englobem todas as modalidades previstas. Tampouco se devem esquecer, por óbvio, as novas tecnologias, bem como os recentes incrementos dos modais ativos de micromobilidade (como os patinetes).

Portanto, consideramos que a integração e a comunhão de esforços – tanto dos setores públicos quanto da sociedade em geral – são fundamentais no estabelecimento de condições de mobilidade urbana mais acessíveis, adequadas, eficientes e eficazes para a população.

Referências

ANTP – Associação Nacional de Transportes Públicos. **Sistema de Informações da Mobilidade Urbana da Associação Nacional de Transportes Públicos – Simob/ANTP**: Relatório geral 2016. maio de 2018. Disponível em: <http://files.antp.org.br/simob/simob-2016-v6.pdf>. Acesso em: 31 maio 2020.

BARBOSA, A. S. Mobilidade urbana para pessoas com deficiência no Brasil: um estudo em blogs. **Urbe. Revista Brasileira de Gestão Urbana (Brazilian Journal of Urban Management)**, v. 8, n. 1, p. 142-154, jan./abr. 2016. Disponível em: <http://www.scielo.br/pdf/urbe/v8n1/2175-3369-urbe-2175-3369008001AO03.pdf>. Acesso em: 31 maio 2020.

BARBOSA, V. As 15 melhores cidades do mundo para andar de bicicleta. **Exame**, 28 jun. 2015. Disponível em: <https://exame.com/mundo/as-15-melhores-cidades-do-mundo-para-andar-de-bicicleta/>. Acesso em: 31 maio 2020.

BENVENUTTI, M. A revolução legal da micromobilidade. **Estadão**, 19 jun. 2019. Disponível em: <https://link.estadao.com.br/noticias/inovacao,a-revolucao-legal-da-micromobilidade,70002879158>. Acesso em: 31 maio 2020.

BIG – Bjarke Ingels Group. **Audi Urban Future Award**: 47. 2019. Disponível em: <https://big.dk/#projects-audi>. Acesso em: 31 maio 2020.

BRASIL. Lei n. 12.587, de 3 de janeiro de 2012. **Diário Oficial da União**, Poder Legislativo, Brasília, DF, 4 jan. 2012a. Disponível em: <http://www.planalto.gov.br/ccivil_03/_ato2011-2014/2012/lei/l12587.htm>. Acesso em: 31 maio 2020.

BRASIL. Lei n. 13.683, de 19 de junho de 2018. **Diário Oficial da União**, Poder Executivo, Brasília, DF, 20 jun. 2018a. Disponível em: <http://www.planalto.gov.br/ccivil_03/_Ato2015-2018/2018/Lei/L13683.htm>. Acesso em: 31 maio 2020.

BRASIL. Ministério da Integração Nacional. **Avançar Cidades – Mobilidade Urbana pré-seleciona 21 municípios para investimentos de R$ 119 milhões**. 20 mar. 2019a. Disponível em: <https://www.mdr.gov.br/ultimas-noticias/5948-avancar-cidades-mobilidade-urbana-pre-seleciona-21-municipios-para-investimentos-de-r-119-milhoes>. Acesso em: 31 maio 2020.

BRASIL. Ministério das Cidades. **Cadernos técnicos para projetos de mobilidade urbana**. Brasília, 7 dez. 2016a. Disponível em: <https://www.cidades.gov.br/component/content/article/265-secretaria-nacional-de-transporte-e-da-mobilidade/publicacoes-semob/4925-transporte-ativo>. Acesso em: 31 maio 2020.

BRASIL. Ministério das Cidades. **Cadernos técnicos para projetos de mobilidade urbana**: transporte ativo. Brasília, 2016b. Disponível em: <https://www.mdr.gov.br/images/stories/ArquivosSEMOB/Biblioteca/Caderno_tecnico_Transporte_Ativo.pdf>. Acesso em: 31 maio 2020.

BRASIL. Ministério das Cidades. Instrução Normativa n. 16, de 10 de julho de 2018. **Diário Oficial da União**, Brasília, DF, 11 jul. 2018b. Disponível em: <http://www.mdr.gov.br/images/stories/Arquivos SEMOB/ArquivosPDF/INSTRUO-NORMATIVA-N-16-2018-CONSOLIDADA.pdf>. Acesso em: 31 maio 2020.

BRASIL. Ministério das Cidades. Instrução Normativa n. 27, de 11 de julho de 2017. **Diário Oficial da União**, Brasília, DF, 12 jul. 2017a. Disponível em: <http://www.cidades.gov.br/images/stories/ArquivosCidades/ArquivosPDF/IN27-80140.000291.2017-27eegulamentaareformulacaodoprotransporte-CONSOLIDADA.pdf>. Acesso em: 31 maio 2020.

BRASIL. Ministério das Cidades. Instrução Normativa n. 28, de 11 de julho de 2017. **Diário Oficial da União**, Brasília, DF, 12 jul. 2017b. Disponível em: <https://www.in.gov.br/materia/-/asset_publisher/Kujrw0TZC2Mb/content/id/19170246/do1-2017-07-12-instrucao-normativa-n-28-de-11-de-julho-de-2017-19170222>. Acesso em: 31 maio 2020.

BRASIL. Ministério das Cidades. Instrução Normativa n. 31, de 4 de dezembro de 2018. **Diário Oficial da União**, Brasília, DF, 5 dez. 2018c. Disponível em: <https://www.in.gov.br/materia/-/asset_publisher/Kujrw0TZC2Mb/content/id/53493311/do1-2018-12-05-instrucao-normativa-n-31-de-4-de-dezembro-de-2018-53493176>. Acesso em: 14 ago. 2020.

BRASIL. Ministério das Cidades. Relatório de atividades e resultados do grupo de trabalho para definição de indicadores para monitoramento e avaliação da efetividade da Política Nacional de Mobilidade Urbana (PNMU). 2016c. Disponível em: <http://www.cidades.gov.br/images/stories/ArquivosSEMOB/ArquivosPDF/relatorio-indicadores-efetividade-pnmu.pdf>. Acesso em: 31 maio 2020.

BRASIL. Ministério das Cidades. **Relatório de gestão**: 2018. Brasília, 2018d. Disponível em: <https://www.mdr.gov.br//images/MCid_-_Relatório_de_Gestão_Relato_Integrado.pdf>. Acesso em: 31 maio 2020.

BRASIL. Ministério das Cidades. Secretaria Nacional de Mobilidade Urbana. **Mobilidade e serviços urbanos**. Disponível em: <http://www.cidades.gov.br/mobilidade-e-servicos-urbanos>. Acesso em: 31 maio 2020.

BRASIL. Ministério das Cidades. Secretaria Nacional de Transporte e da Mobilidade Urbana. **Mobilidade urbana**: modais. 2012b. Disponível em: <https://www2.camara.leg.br/atividade-legislativa/comissoes/comissoes-permanentes/cdu/seminarios-e-outros-eventos/seminarios-2012/seminarios-preparatorios-a-xiii-conferencia-das-cidades-2012/seminario-em-joinville-sc/mobilidade-urbana-modais/view>. Acesso em: 31 maio 2020.

BRASIL. Ministério do Desenvolvimento Regional. **Avançar Cidades – Mobilidade Urbana**. 12 jul. 2017c. Disponível em: <http://www.mdr.gov.br/mobilidade-e-servicos-urbanos/avancar-cidades-mobilidade-urbana>. Acesso em: 31 maio 2020.

BRASIL. Ministério do Desenvolvimento Regional. **Cartas-consulta selecionadas**. 25 jun. 2019b. Disponível em: <http://www.mdr.gov.br/images/stories/ArquivosSEMOB/ArquivosPDF/relacao-de-propostas-selecionadas-GRUPO-2.pdf>. Acesso em: 31 maio 2020.

BRASIL. Ministério do Desenvolvimento Regional. **Conheça o Ministério do Desenvolvimento Regional (MDR)**. 2019c. Disponível em: <https://www2.dnocs.gov.br/gab-cs/noticias/4237-conheca-o-ministerio-do-desenvolvimento-regional-mdr>. Acesso em: 31 maio 2020.

BRASIL. Ministério do Desenvolvimento Regional. **Departamento de Mobilidade Urbana**. 30 nov. 2016d. Disponível em: <http://www.mdr.gov.br/component/content/article/261-secretaria-nacional-de-transporte-e-da-mobilidade/departamentos-semob/4753-departamento-de-mobilidade-urbana>. Acesso em: 31 maio 2020.

BRASIL. Ministério do Desenvolvimento Regional. **Departamento de Planejamento e Informações**. 30 nov. 2016e. Disponível em: <http://www.mdr.gov.br/component/content/article/261-secretaria-nacional-de-transporte-e-da-mobilidade/departamentos-semob/4749-departamento-de-cidadania-e-inclusao-social-decis>. Acesso em: 31 maio 2020.

BRASIL. Ministério do Desenvolvimento Regional. **Sistema de Apoio à Elaboração de Planos de Mobilidade Urbana**. 20 maio 2019d. Disponível em: <http://www.mdr.gov.br/mobilidade-e-servicos-urbanos/sistema-de-apoio-a-elaboracao-de-planos-de-mobilidade-urbana>. Acesso em: 31 maio 2020.

BRASIL. Ministério do Desenvolvimento Regional. Secretaria Nacional de Mobilidade e Serviços Urbanos. **Mobilidade urbana**. 2019e. Disponível em: <https://www2.camara.leg.br/atividade-legislativa/comissoes/comissoes-temporarias/especiais/56a-legislatura/pl-4881-12-politica-de-mobilidade-urbana/documentos/audiencias-publicas/RicardoCaiadoAlvarenga.pdf>. Acesso em: 31 maio 2020.

BRASIL. Ministério do Planejamento. **Mobilidade urbana**. 2019f. Disponível em: <http://pac.gov.br/infraestrutura-social-e-urbana/mobilidade-urbana/br/10>. Acesso em: 31 maio 2020.

BRASIL. Ministério do Planejamento. **Sobre o PAC**. 2019g. Disponível em: <http://pac.gov.br/sobre-o-pac>. Acesso em: 31 maio 2020.

CURITIBA. Lei n. 14.771, de 17 de dezembro de 2015. **Diário Oficial do Município de Curitiba**, 17 dez. 2015. Disponível em: <https://leismunicipais.com.br/plano-diretor-curitiba-pr-2018-08-15-versao-compilada>. Acesso em: 31 maio 2020.

CURITIBA. Secretaria Municipal de Defesa Social e Trânsito. **Programa inclusivo de trânsito é elogiado**. 8 out. 2019. Disponível em: <https://transito.curitiba.pr.gov.br/noticias/prefeitura/programa-inclusivo-de-transito-e-elogiado/53049>. Acesso em: 31 maio 2020.

CURITIBA. Secretaria Municipal de Planejamento, Finanças e Orçamento. **Licitação do Metrô de Curitiba – 2014**. Disponível em: <https://www.curitiba.pr.gov.br/conteudo/licitacao-do-metro-de-curitiba-2014/740>. Acesso em: 31 maio 2020.

DINO – Divulgador de Notícias. Desafios para a mobilidade urbana no Brasil. **Terra**, 24 jun. 2019. Disponível em: <https://www.terra.com.br/noticias/dino/desafios-para-a-mobilidade-urbana-no-brasil,1026396a451695daf23342f7f22d09d0sksypw43.html>. Acesso em: 31 maio 2020.

FNP – Frente Nacional de Prefeitos. **FNP debate mobilidade urbana em audiência pública na Câmara**. 3 out. 2019. Disponível em: <https://www.fnp.org.br/noticias/item/2133-fnp-debate-mobilidade-urbana-em-audiencia-publica- na-camara>. Acesso em: 31 maio 2020.

GAETE, C. M. Como Vancouver se tornou uma cidade multimodal. 1º abr. 2017. **ArchDaily**. Disponível em: <https://www.archdaily.com.br/br/868067/como-vancouver-se-tornou-uma-cidade-multimodal>. Acesso em: 31 maio 2020.

GOMES, R. Mobilidade urbana não acompanha crescimento da frota de carros em AL. **G1**, Alagoas, 14 dez. 2014. Disponível em: <http://g1.globo.com/al/alagoas/noticia/2014/12/mobilidade-urbana-nao-acompanha-crescimento-da-frota-de-carros-em-al.html>. Acesso em: 31 maio 2020.

GVBUS – Sindicato das empresas de transporte metropolitano da grande Vitória. **Mobilidade e transporte no governo Bolsonaro**. 4 abr. 2019. Disponível em: <https://www.gvbus.org.br/mobilidade-e-transporte-governo-bolsonaro>. Acesso em: 31 maio 2020.

MACHÍ, C.; ALONSO, M.; RUCHTI, V. A bicicleta como modal de transporte sustentável para a cidade de São Paulo: o estudo de caso da Trilha Norte-Sul. **Revista Labverde**, v. 1, n. 10, p. 34-60, 31 ago. 2015. Disponível em: <http://www.revistas.usp.br/revistalabverde/article/view/98429/101328>. Acesso em: 31 maio 2020.

MIRANDA, H. F. **Mobilidade urbana sustentável e o caso de Curitiba**. 178 f. Dissertação (Mestrado em Engenharia) – Universidade de São Paulo, São Carlos, 2010. Disponível em: <https://www.teses.usp.br/teses/disponiveis/18/18144/tde-03052011-103404/publico/HFM_Ms.pdf>. Acesso em: 21 ago. 2020.

MOBILIDADE urbana – No Brasil, transporte público tem pouco investimento e a preferência ainda é do carro. **UOL**, 2015. Disponível em: <https://vestibular.uol.com.br/resumo-das-disciplinas/atualidades/mobilidade-urbana-no-brasil-transporte-publico-tem-pouco-investimento-e-a-preferencia-ainda-e-do-carro.htm>. Acesso em: 31 maio 2020.

MOBILIZE – Mobilidade Urbana Sustentável. **Espaço ocupado por modos de transporte ativos e motorizados**. Disponível em: <https://www.mobilize.org.br/estatisticas/59/espaco-ocupado-por-modos-de-transporte-ativos-e-motorizados.html>. Acesso em: 31 maio 2020.

PACHECO, P. Cidades para pessoas: o presente e o futuro da mobilidade. **The City Fix Brasil**, 24 jul. 2015. Disponível em: <https://thecityfixbrasil.com/2015/07/24/cidades-para-pessoas-o-presente-e-o-futuro-da-mobilidade>. Acesso em: 31 maio 2020.

PENA, R. F. A. **Mobilidade urbana no Brasil**. 2013. Disponível em: <https://brasilescola.uol.com.br/geografia/mobilidade-urbana-no-brasil.htm>. Acesso em: 31 maio 2020.

PRIESS, A. dos S.; SAVOLDI, P. A. Mobilidade urbana e o uso da bicicleta como método alternativo de locomoção. **Revista Jus Navigandi**, Teresina, v. 23, n. 5490, 13 jul. 2018. Disponível em: <https://jus.com.br/artigos/64941>. Acesso em: 31 maio 2020.

RUBIM, B.; LEITÃO, S. O plano de mobilidade urbana e o futuro das cidades. **Estudos Avançados**, São Paulo, v. 27, n. 79, p. 55-66, 2013. Disponível em: <http://www.scielo.br/scielo.php?script=sci_arttext&pid=S0103-40142013000300005&lng=en&nrm=iso>. Acesso em: 31 maio 2020.

SANTIAGO, E. **Metrô**. Disponível em: <https://www.infoescola.com/transporte/metro/>. Acesso em: 7 out. 2020.

SÃO PAULO. Prefeitura. Decreto n. 58.750, de 13 de maio de 2019. **Diário Oficial da Cidade de São Paulo**, 14 maio 2019. Disponível em: <http://legislacao.prefeitura.sp.gov.br/leis/decreto-58750-de-13-de-maio-de-2019>. Acesso em: 31 maio 2020.

SOUSA, M. de. **Você sabe o que é o VLP?** Mobilize. Disponível em: <https://www.mobilize.org.br/noticias/9611/voce-sabe-o-que-e-o-vlp.html>. Acesso em: 7 out. 2020.

SOUZA, T. M. de. **Qual a diferença entre BRT, VLT e BRS?** Ônibus Paraibanos. Disponível em: <https://onibusparaibanos.com/2013/07/17/qual-diferenca-entre-brtvlt-e-brs/>. Acesso em: 7 out. 2020.

STARTUPI. **Grow, holding dos patinetes Grin e Yellow, participa de Audiência Pública que discute micromobilidade em SP**. 21 maio 2019. Disponível em: <https://startupi.com.br/2019/05/grow-holding-dos-patinetes-grin-e-yellow-participa-de-audiencia-publica-que-discute-micromobilidade-em-sp>. Acesso em: 31 maio 2020.

TANSCHEIT, P. O transporte ativo combate a falta de atividade física e melhora o bem-estar nas cidades. **WRI Brasil**, 5 jul. 2019. Disponível em: <https://wribrasil.org.br/pt/blog/2019/07/o-transporte-ativo-como-meio-de-combate-a-falta-de-atividade-fisica>. Acesso em: 31 maio 2020.

THE CITY OF PORTLAND. **2018 E-Scooter Findings Report**. 15 jan. 2019. Disponível em: <https://www.portlandoregon.gov/transportation/78431>. Acesso em: 31 maio 2020.

VIÉGAS, H. Mobilidade urbana: modais de transporte público. **Realidades Urbanas**, 16 ago. 2012. Disponível em: <http://realidadeurbanas.blogspot.com/2012/08/mobilidade-urbanamodalidades-de.html>. Acesso em: 31 maio 2020.

Respostas

Capítulo 1

Questões para revisão

1. c

2. a

3. b

4. A Semob é subordinada ao MDR e tem dois departamentos: (1) Departamento de Planejamento e Gestão, que corresponde às áreas de coordenação-geral de planejamento, coordenação--geral de articulação e gestão e coordenação-geral de ações estratégicas, e (2) Departamento de Mobilidade Urbana, que concentra as áreas de coordenação-geral de análise de empreendimentos, coordenação-geral de monitoramento de empreendimentos e coordenação-geral de gestão de empreendimentos.

5. Ao todo, existem seis modalidades de projeto de mobilidade urbana aptas ao financiamento, quais sejam:
   (1) Sistemas de Transporte Público Coletivo;
   (2) Qualificação Viária;
   (3) Transporte Não Motorizado;
   (4) Estudos e Projetos;
   (5) Planos de Mobilidade Urbana; e
   (6) Desenvolvimento Institucional.

Capítulo 2

Questões para revisão

1. a

2. b

3. e

4. De acordo com a Instrução Normativa n. 28, de 11 de julho de 2017, as etapas do processo seletivo são:

   a) Cadastramento de propostas pelos municípios;
   b) Enquadramento prévio das propostas pelos agentes financeiros;
   c) Divulgação de propostas pré-selecionadas pelo Ministério das Cidades;
   d) Encaminhamento de documentação para análise de risco pelos proponentes aos agentes financeiros;
   e) Encaminhamento de documentação para análise de engenharia pelos proponentes aos agentes financeiros;
   f) Validação das propostas pelos agentes financeiros; e
   g) Divulgação da seleção final pelo Ministério das Cidades.
   (Brasil, 2017b)

5. A eleição dos três projetos dependerá da modalidade escolhida. Por exemplo, considerando a modalidade 1, que diz respeito ao sistema de transporte público, poderíamos citar:

   a) Infraestrutura de transporte público coletivo urbano por ônibus com exclusividade de circulação no espaço viário (vias exclusivas e/ou faixas exclusivas);
   b) Abrigos e/ou estações para passageiros de transporte de caráter urbano;
   c) Terminais de passageiros de transporte de caráter urbano;
   d) Pavimentação de vias que façam parte de itinerário de transporte coletivo de caráter urbano. (Brasil, 2018b)

   No capítulo, contudo, foram apresentados projetos de outras modalidades.

Capítulo 3

Questões para revisão

1. d

2. e

3. b

4. Os sistemas de ônibus urbanos e metropolitanos.

5. Quanto aos tipos de transportes públicos, pode-se dividi-los em: (1) sobre pneus, como o BRS – *Bus Rapid Service* (serviço rápido por ônibus); o BRT – *Bus Rapid Transit* (transporte rápido por ônibus); e o VLP – veículo leve sobre pneus; e (2) sobre trilhos, como o VLT – veículo leve sobre trilhos e o metrô. Cada qual apresenta características próprias, conforme explorado no capítulo.

Capítulo 4

Questões para revisão

1. c

2. c

3. a

4. Acessibilidade, segurança e continuidade.

5. As condições que se fazem necessárias para a implantação de vias compartilhadas são as seguintes: baixo fluxo de veículos automotores nos dois sentidos e baixa velocidade (inferior a 30 km/h) de 85% dos veículos automotores da via.

Capítulo 5

Questões para revisão

1. c

2. d

3. c

4. O modelo rodoviário é, atualmente, o tipo de transporte predominante no Brasil.

5. Algumas vantagens são: (a) baixa emissão de poluentes; (b) alta regularidade; e (c) maior capacidade de transporte de passageiros por área de infraestrutura necessária.

Capítulo 6

Questões para revisão

1. c

2. c

3. b

4. As cidades que priorizam os sistemas de transporte coletivo conseguem aproveitar melhor os espaços públicos, tornando-os mais humanizados.

5. O impacto do transporte por meio de veículos individuais no uso e na ocupação do solo das cidades é o elevado consumo de áreas para a implantação de infraestrutura viária adequada.

Sobre os autores

Claudionor Agibert é bacharel em Direito pela Universidade Tuiuti do Paraná – UTP (2009), graduado na Academia Policial Militar do Guatupê em Segurança Pública (1996), pós-graduado em Administração Pública (2010) e em Direito Administrativo Disciplinar (2012), especialista em Gestão da Segurança Pública (2013), Polícia Judiciária Militar (2006) e Proteção de Dignitários (2002), além de Instrutor de Armas de Fogo (2003). É oficial da Polícia Militar do Paraná, no posto de capitão, já na reserva remunerada depois de 25 anos de serviço. Com vasta experiência nacional e internacional, é autor do livro *Segurança executiva e de autoridades* (2017). Advogado, professor do Centro Universitário Internacional Uninter e da Universidade Tuiuti do Paraná, é membro da Academia de Letras dos Militares Estaduais do Paraná (Almepar), na qual ocupa a cadeira de número 11.

Rafael Carbonera Lobo é engenheiro civil pela Universidade Federal do Paraná – UFPR, pós-graduado em Engenharia de Estruturas, com ênfase em Projetos, pelo Instituto De Luca Daher (IDD), e membro da Associação dos Diplomados da Escola Superior de Guerra (Adesg/PR). Tem ampla experiência prática na gestão de projetos voltados para a execução de obras civis e de infraestrutura, atuando em várias empresas do ramo. Professor do Centro Universitário Internacional Uninter, também atuou na administração pública como coordenador de infraestrutura do Museu Oscar Niemeyer (MON).

Os papéis utilizados neste livro, certificados por instituições ambientais competentes, são recicláveis, provenientes de fontes renováveis e, portanto, um meio responsável e natural de informação e conhecimento.

FSC
www.fsc.org
MISTO
Papel produzido
a partir de
fontes responsáveis
FSC® C103535

Impressão: Reproset
Outubro/2021